AILLEURS

DEPARDIEU

AILLEURS

cherche
midi

DU MÊME AUTEUR

Monstre, le cherche midi, 2017.
Innocent, le cherche midi, 2015.
Ça s'est fait comme ça, XO Éditions, 2014.
Lettres volées, éditions JC Lattès, 1988.

Vous pouvez consulter notre catalogue général
et l'annonce de nos prochaines parutions sur notre site :
www.cherche-midi.com

Directeur de collection : Arnaud Hofmarcher

© le cherche midi, 2020
92, avenue de France
75013 Paris

Mis en pages par Soft Office
Dépôt légal : octobre 2020
ISBN : 978-2-7491-6355-0

Je suis parfois un innocent, parfois un monstre.

Tout ce qui est entre les deux ne m'intéresse pas.

Tout ce qui est entre les deux est corrompu.

Seuls l'innocent et le monstre sont libres.

Ils sont ailleurs.

C'était le milieu de la nuit. J'étais dans mon lit, je me sentais comme si je sortais d'un très mauvais rêve, sauf que je n'avais pas rêvé.

Je n'avais pas dormi.

J'avais en moi cette sensation atroce d'être dans le vide sans aucun point d'accroche.

En suspension.

Le sol était loin dessous, les murs inatteignables, je n'avais pas un seul endroit solide auquel me raccrocher.

Il n'y avait plus rien.

Que de l'angoisse.

Pas l'angoisse de mourir, ni l'angoisse de vivre : l'angoisse d'être dans le vide. Sans aucune prise possible. Sans rien de possible.

C'était terrifiant.

Je ne pouvais même pas attendre de me réveiller puisque je ne dormais pas.

J'avais beau allumer la lumière, je ne voyais rien.

Tout ce qui était autour de moi, les murs, les objets, le lit, plus rien n'existait, plus rien n'avait de signification.

Là, je me suis dit que j'étais en train de devenir fou.

J'ai vu ce qu'était la folie. Une douleur incommensurable, aussi inquantifiable que le vide.

Et je me suis rappelé les derniers mots de Maurice Pialat. J'étais allé le voir, c'était la fin, il était à peine conscient. À un moment, il s'est réveillé. Je l'ai entendu dire, faiblement : « Ah, Gérard, tu es là... tu vois, on n'est pas grand-chose. » Puis il est retombé dans son coma. Comme s'il rentrait en lui-même. Et il a murmuré une dernière chose : « Tu sais, il faut faire attention aux femmes. » Et c'était fini.

Il est mort juste après ces derniers mots.

Là, c'était la même chose.

Alors que cette sensation abominable de vide s'éloignait, je me suis dit qu'il fallait faire attention aux fous. Ces gens qu'on appelle les fous, qui ressentent de façon permanente ce que l'on peut parfois ressentir le temps d'une nuit ou le temps d'un instant.

Qu'il fallait s'occuper d'eux.

Trouver un langage.

Que ce n'était pas en les gavant de médicaments qu'ils allaient trouver une paroi à laquelle s'accrocher. Qu'il leur fallait un lien. Un lien qui leur permette d'interrompre leur chute sans fin, cette chute dans des souffrances terribles, inhumaines.

En analyse, ce genre de rêve éveillé est une aubaine. Tu as quelqu'un qui t'écoute, qui te donne des repères. Je peux en parler, j'y suis resté trente ans.

Mais si on oublie cette chose, l'analyse, qu'est-ce qu'il en reste ? Il reste cette espèce de chute vertigineuse qui aujourd'hui encore me hante. Cette chute terrifiante. Où tout ce que tu possèdes ou crois posséder s'évanouit, où tu n'as plus aucune prise sur rien. Où on t'a même coupé cette faculté que l'on appelle le désir.

Ce moment terrible où tu as l'impression d'avoir le cœur à l'envers, oui, à l'envers.

Ce moment où, comme l'écrit Peter Handke, « tout à coup, il me vient à l'esprit que je joue quelque chose qui n'existe pas ».

Je garde cette chose en moi, mais je n'en tire ni désespoir ni pessimisme. C'est juste une lucidité.

Une lucidité à vivre.

Une douleur aussi terrible que nécessaire.

Il faut savoir qu'il est là, ce vide, au centre de nous, au centre de tout, ce gouffre où plus rien n'a d'importance, ou plus rien ni personne ne peut nous aider.

Cette chose monstrueuse que l'on traîne en soi, et qui peut nous annuler, il ne faut jamais l'oublier. Au contraire, il faut la garder tout près de soi.

C'est une façon de savoir où est la mort.

Qui seule peut nous permettre d'être hors la mort.

La vie peut être terrifiante. Elle n'est belle que quand on l'utilise. Quand on utilise ces ressorts que nous avons en nous et qui bougent encore. Qui nous éloignent de cette folie, de cette mort dans la vie, et qui nous mènent ailleurs.

Il ne faut pas se laisser prendre sa vie, mais la prendre ailleurs, dès qu'on peut. Ce n'est pas une fuite. C'est une façon de survivre, d'échapper à cette machine infernale qui sans arrêt avance pour nous écraser.

Aller ailleurs.

Vers une chose étrangère à cette folie d'ici.

À cette folie autour.

À cette folie en soi.

Aller là où on peut vivre ses joies sans plus se poser de questions. C'est bien là qu'elles vivent, nos joies : là où on ne se pose plus aucune question.

À quoi tu penses ? À rien !
C'est l'innocence retrouvée.
Envers et contre tout.
Sans cesse partir en quête d'une autre joie, ailleurs, pour que ma joie demeure.

APPRENDRE À DÉSAPPRENDRE

C'est en essayant de survivre que j'ai appris à vivre.

Dès le ventre de ma mère.

Quand elle essayait de se débarrasser de moi à l'aiguille à tricoter.

J'ai lutté contre ces pointes, je m'en suis sorti.

Et je suis sorti de son ventre, heureux d'être vivant.

Déjà.

Heureux d'avoir survécu.

C'était, je crois, ma première leçon : au-delà de l'aiguille, il y a la joie.

Au-delà de tout ce qui nous agresse, il y a un Ailleurs.

Je ne lui en ai jamais voulu pour ces aiguilles, à ma mère, la Lilette.

Parce que j'ai toujours su que ce n'était pas après moi qu'elle en avait. Mais après cette histoire d'amour que vivait son père avec la mère de mon père. Quand je suis arrivé, elle allait se barrer à cause de ça. Je lui ai coupé les jambes. Mais ce n'est pas moi qui la dérangeais, c'était cette histoire impossible, interdite. À partir du moment où j'ai été là, je n'ai jamais été rejeté.

La Lilette, je l'entendais souvent me répéter : « T'as bien fait de venir, toi ! »

Elle me disait que j'étais comme la mauvaise herbe, qu'il était impossible de se débarrasser de moi.

Ce que je trouve très beau, car très juste.

C'est vrai, je suis comme la mauvaise herbe : je vais partout, je pousse partout.

J'ai passé ma vie à ça.

Et aucun Roundup ne pourra jamais me détériorer.

J'ai poussé plus vite que les autres.

Quand, sur la photo de classe, tu es un grand dadais qui dépasse tout le monde de trois têtes, les gens se demandent : « Mais c'est qui, cet abruti ? Il a quel âge ? »

Et dans ce genre de petite province, si tu es différent, on a vite fait de te fermer la porte au nez. Surtout quand ton père, bourré, a l'habitude de tomber dans le caniveau sur la place du village.

Quand tu n'es pas désiré par tes parents, quand la bonne société te met de côté, tu peux vite t'enfermer dans la haine, dans la violence, dans le malheur. C'est presque un réflexe.

J'aurais pu en vouloir à la terre entière, mais non.

J'ai toujours senti que se replier sur soi, faire la gueule ou faire peur n'était pas une solution.

Que ce n'était pas comme ça qu'on se faisait accepter.

Jamais je ne me suis fermé, je suis resté ouvert, toujours souriant.

J'étais un enfant très joyeux. Attentif, disponible, à l'écoute.

À l'écoute de tout.

Cette curiosité et cette joie ne m'ont depuis jamais quitté.

Cette foi en la vie.

Quand on me foutait à la porte de l'école, je ne le prenais pas mal. Il y avait toujours un chien qui arrivait, qui me suivait partout. Et j'étais plus à l'aise avec lui qu'avec les professeurs. Au moins, il était reconnaissant, il voyait que je ne lui voulais pas de mal, je le caressais, il bougeait la queue. On était heureux, tous les deux. Et ça me suffisait.

Je prenais la vie comme elle venait.

Je n'appartenais pas à une bande. Je passais de l'une à l'autre, en restant toujours solitaire.

Un solitaire qui avait besoin des autres.

Et j'avais déjà un joli désir d'Ailleurs.

J'allais voir ces Américains qui, à l'époque, étaient l'Ailleurs de Châteauroux. Ils avaient des bagnoles énormes, des chaussures lustrées, ils sentaient bon le savon. À huit ans, je leur achetais des cigarettes et du whisky. Puis j'allais voir les Algériens, l'autre Ailleurs de

Châteauroux, j'allais les avertir quand je savais qu'une ratonnade se préparait.

Je passais aussi beaucoup de temps à la gare. J'adorais voir les gens qui partaient ailleurs, ceux qui revenaient, les gens qui se retrouvaient. Je regardais leurs visages, je devenais leur voyage. Quelquefois je prenais un ticket de quai, pour faire comme si c'était moi qui revenais. Je me glissais dans le flot des voyageurs et je crânais, j'étais prêt à raconter n'importe quoi à n'importe qui.

Je passais mes journées dehors, j'étais tout le temps chez les uns ou chez les autres, à n'importe quelle heure.

Je ne cherchais pas une famille, je suivais une curiosité.

À la maison personne ne se souciait de moi. On savait que j'avais survécu aux aiguilles, après ça, je pouvais bien survivre à tout. Alors on me foutait la paix.

Je n'y ai jamais vu aucun rejet, mais une confiance.

Une liberté.

Et j'ai toujours su en profiter.

Ici comme ailleurs.

Je me méfie de l'éducation, de toutes les éducations.

L'enfant, il faut l'aimer et lui foutre la paix.

Être aimé, c'est la seule chose qui donne une liberté, une force.

L'éducation, elle peut aussi te rendre con, t'alourdir.

Le pire de tous les chemins, c'est pour ceux qui n'ont pas été aimés, mais seulement éduqués.

Moi, mon éducation, c'est le fruit d'un caniveau. Et c'est très bien comme ça. On trouve de tout dans les égouts.

Quand tu as été aimé, tu as la force de t'éduquer tout seul.

D'aller ailleurs.

L'enfant est naturellement un poète.

Le mal, c'est tout ce qui va contre nos sensibilités d'enfant.

Tout ce qui décourage notre poésie.

Les enfants, il faut qu'ils vivent. On ne peut rien leur imposer, on ne doit rien leur imposer, et surtout pas notre désir. On le voit tout de suite, les gamins qui sont en joie, et ceux qui sont dans le désir des parents. Ceux qui sont dans leur présent et ceux qui sont dans un présent qui n'est pas le leur.

L'enfant, il doit trouver ses propres réponses.

C'est-à-dire laisser tomber toutes celles des parents.

Les réponses toutes faites.

Cette prose qui vient dessécher toute sa poésie.

Une question doit l'amener à une autre question. Un peu comme dans le Talmud, ce superbe bouquet de points d'interrogation.

L'enfant doit faire son chemin à lui. Le chemin qui va l'amener ailleurs.

C'est pour ça qu'il faut le laisser tranquille.

Le laisser te démolir, parce que, que tu le veuilles ou non, ton enfant, il va te démolir. Il faut le lui souhaiter en tout cas. Et plus vite il t'aura démoli, mieux ce sera, car plus vite en son for intérieur il va te reconstruire. À sa façon. Depuis son Ailleurs.

Mon regard d'enfant n'a pas changé.

Il est peut-être un peu plus jaune qu'avant, parce que le foie est plus fragile, mais c'est tout.

J'ai toujours la même envie de découvrir, avec la même curiosité et la même joie.

La même innocence.

Les mêmes appétits d'enfant.

Aujourd'hui comme hier, j'ai toujours envie d'être un peu hors la loi, c'est-à-dire libre. Les adultes m'ennuient toujours aussi prodigieusement avec leurs règles et leurs frontières.

Je ne crois pas à la sagesse. Je ne crois pas à l'expérience. À un capital qu'on amasserait au fil des ans et grâce auquel on serait meilleur. Je ne veux rien faire fructifier. Je ne veux pas être comptable de quoi que ce soit.

Ce que j'aime, ce sont les fraîcheurs.

Être éphémère.

Instant après instant.

Si j'ai un seul talent, c'est celui d'être disponible.

Je ne veux pas penser, jamais, seulement m'ouvrir.

M'ouvrir et recevoir.

On dit souvent que j'ai un côté sorcier, animal, que je ressens tout.

Je me contente simplement d'observer ceux qui sont autour de moi, de les écouter.

J'aime vivre en regardant vivre les autres.

En regardant autour de moi.

En étant ouvert.

En laissant le fil dériver.

En allant vers tous les êtres pour découvrir l'être de tout.

Ma vie n'est qu'un regard.

Je regarde le monde autour de moi et ceux qui l'habitent.

J'observe d'autres mouvements, d'autres temps.

Je suis ce que je vois, ce que je vis.

Plutôt que de m'écouter, prêter attention à mes obstacles, mes peurs et mes angoisses, je préfère vivre.

C'est-à-dire avoir une autre écoute que celle de moi-même.

Qui va faire autre chose de moi.

Si je reste là, en moi, confiné, je deviens comme une plante qui manque d'eau, je me fane et je meurs.

J'ai toujours détesté l'intérieur, ça me fait penser au ministère de l'Intérieur. Je préfère l'extérieur, les autres.

Je n'ai même plus de maison, juste un lieu de passage.

Une maison, c'est quand on est en couple, avec des enfants. Ou c'est une maison de famille. Moi, je suis toujours en voyage. Sans valise, sans bagage.

Entre deux.

Je ne m'arrête jamais.

S'arrêter, c'est déjà une mort, c'est faire rentrer la vieillesse, et je n'ai pas envie de vieillir comme ça.

Quand je suis en mouvement, sans rien pour m'encombrer, je retrouve des réflexes du plaisir de la vie, du désir de la vie.

Ce n'est pas une fuite, c'est un appel.

L'appel de la vie.

Cette vie qui m'impressionne toujours autant.

C'est pour ça que je suis resté un vagabond.

Quelqu'un qui se contente de passer.

Et qui toujours s'en va ailleurs.

Cet Ailleurs qui me va parfaitement.

Les aiguilles du ventre de ma mère, il m'arrive de les sentir encore.

Ce sont toutes ces pointes auxquelles il faut que j'échappe pour survivre. Mes violences, mes éruptions et mes errances... elles sont là aujourd'hui, mes aiguilles. Et il revient toujours, ce vieux réflexe de leur échapper.

Échapper à ce narcissisme qui veut m'enfermer en moi-même.

Ne pas m'immobiliser dans ces états, ne pas subir leur poids et leurs pointes. Ne pas m'y abandonner. Mais m'abandonner moi. Me défaire de mes noirceurs, de mes violences, de mes refus, en allant vers l'autre.

Vers l'amour.

On ne peut pas entrer dans la vie en violence. La violence annule la vie, elle annule tout.

L'amour, au contraire, c'est ce qui permet de s'oublier soi-même. C'est s'ouvrir à l'autre, complètement, se donner à lui, même si c'est pour être une cible, on s'en fout, ça fait partie de l'amour.

Et je ne parle pas là d'un amour christique, je ne vais pas commencer à gémir : « Pourquoi m'as-tu abandonné ? » Non, personne n'abandonne jamais personne. On s'abandonne toujours soi-même. Et on est seul à pouvoir aimer, continuer à aimer, ou ne plus aimer.

Jamais je n'accuserai quelqu'un de m'avoir abandonné. Je n'ai besoin de personne pour ça. Personne d'autre que moi pour ne plus aimer, me laisser aller, me mettre à trop bouffer, à trop picoler, à trop gueuler.

Le chemin de la survie, personne ne peut le retrouver pour moi.

Pour y mettre mes pas, il faut que je commence par m'en aller.

M'en aller de moi-même.

Aller ailleurs.

Là où, à nouveau, je peux accueillir.

Accueillir et aimer.

Être neuf pour aimer à nouveau.

Chez soi comme chez les autres, il faut aimer tout ce qui déborde, tout ce qui dépasse, tout ce qui échappe, les failles, les faiblesses et les défaillances.

Toutes ces choses qui font que nous sommes humains.

Ne jamais en avoir peur.

C'est pourquoi j'aime l'abondance, les excès, j'aime la tragédie, la comédie, j'aime aller jusqu'au bout, même si c'est ridicule, et tant mieux si c'est ridicule.

De toute façon, je ne crois pas au ridicule, sauf pour les hommes politiques.

Nous ne sommes jamais ridicules.

Même dans les pires de nos dérives.

Seul le pouvoir est ridicule. Et haineux.

Je n'aime pas le pouvoir car je n'aime ni commander ni obéir.

La merde de l'humain commence toujours par un appétit de pouvoir. Il n'y a aucune solution à trouver de ce côté-là.

Le miracle est ailleurs.

Il est dans la vie.

Là où tout est ouvert, où tout est possible. Le sublime comme la chute.

Là, rien n'est jamais figé.

La vie, ça bouge, ça gronde, ça griffe, ça explose, ça vient et ça repart.

C'est un animal sauvage.

Le pouvoir, lui, veut toujours nous astreindre à résidence.

Nous immobiliser.

Nous mettre en cage.

Il nous veut toujours égaux à nous-mêmes. Mais nous ne sommes jamais égaux à nous-mêmes. Nous sommes toujours bien plus ou bien moins que nous-mêmes.

Et c'est très bien comme ça.

Seul l'imprévu m'attire.

L'imprévu, c'est la vie, c'est ce qui nous emmène ailleurs. Vers tout ce que l'on ignore de soi.

On est trop souvent sourd à l'imprévu. Il nous dérange, il nous déstabilise, il nous fait peur. On ne lui fait pas confiance. On préfère prévoir, organiser, savoir. Se cacher derrière ses certitudes, son quotidien et ses routines. Tous nos jours finissent par marcher du même pas.

Mais la vie n'est jamais en sens unique.

Elle est là, quelque part dans nos souterrains, et elle jaillit d'un coup dans chacune de nos émotions.

Il faut juste la laisser libre.

Libre d'être.

L'emprisonner dans une certitude, c'est s'emprisonner soi-même. On finit par perdre toute sa fraîcheur.

Je suis souvent dissonant, toutes mes musiques ne s'harmonisent pas.

Je peux même paraître incohérent. Infidèle à moi-même. Cela ne me gêne pas : c'est ma façon d'être fidèle à la vie. De la respecter, de ses élans jusqu'à ses errances.

Alors oui, j'ai fait des erreurs, sûrement. Mais je revendique le droit à l'erreur. À l'erreur stupide, même.

Je n'ai jamais rien appris : j'ai vécu.

J'ai raté des tas de choses. J'en raterai encore beaucoup d'autres. Ce sera peut-être un gâchis, mais un beau gâchis. Ce sera en tout cas de nouvelles aventures.

Cela fait très longtemps déjà que j'ai chié sur la culpabilité.

Je veux aller partout, quitte à me tromper.

Rien ne me fait peur. Sauf la connerie.

Je laisse aux autres le soin de pointer mes contradictions. On trouve toujours bien assez de commentateurs.

Moi, je préfère vivre que commenter.

De toute façon, on peut dire de moi ce qu'on voudra : je suis déjà ailleurs.

Ce que la vie nous offre est infini.

On ne le prend que rarement.

On préfère se poser des questions. On est formaté pour ça.

Et pourtant la vie est simple. Mais on lui résiste. Elle nous fait peur. On ne la comprend pas.

Peu importe.

Il n'y a rien à comprendre.

On s'épuise à expliquer une chose qui ne s'explique pas. Qui nous est donnée, qui est en nous.

Quand on naît, on sait tout.

Puis on oublie tout.

On s'encombre d'une éducation, d'un savoir, qui ne font que brouiller les choses, mettre des obstacles entre la vie et nous. On devient hésitant, on ne sait plus, on se recroqueville, on réduit ses capacités et son territoire.

Il n'y a rien de plus essentiel qu'apprendre à désapprendre.

Moi, ma grande chance, c'est d'avoir moins appris que les autres. J'ai eu moins à déblayer.

La seule façon de retrouver le miracle de la vie, c'est de renouer avec cette innocence qui nous est donnée en naissant.

C'est là le seul état de paix, la seule vraie communion avec le divin.

Le paradis perdu, peut-être.

Notre mystère, en tout cas.

Il faut vivre comme ce somnambule qui ne tombera jamais si on ne le réveille pas.

Il est seulement dans l'instinct et dans l'instant.

Ailleurs.

Là où est la vie.

Le jour où je voudrai écrire mes mémoires, il faudra me mettre en gériatrie. Penser à changer mes couches.

Être dans le passé, dans la nostalgie, dans ce que l'on a déjà vécu, c'est tout sauf un moyen de vivre ou de mourir heureux.

C'est terrible, tous ces gens qui te racontent leur vie, qui vivent dans leurs souvenirs, leurs petites anecdotes. C'est un peu comme tous ces acteurs qui essaient de se souvenir de leur texte. Ce qu'il faut, c'est l'oublier, ton texte, abruti ! L'oublier pour *être*.

L'essentiel, ce n'est pas de savoir, mais d'être.

Et *être*, c'est au présent.

Moi, le souvenir m'emmerde. Il n'y a rien de pire que de vivre dans ses souvenirs. Au milieu de ces peaux mortes depuis longtemps.

La vie, ce n'est pas ce qui nous est arrivé, c'est ce qui est là.

C'est l'instant.

La seule éternité.

Je m'efforce de vivre le moment, dans l'oubli de tous les autres.

Je n'ai rien contre mon passé. Il existe, je ne regrette rien, mais je n'ai plus rien à y faire. Et je sais qu'à chaque fois que je vais traîner dans ses parages, je ne suis plus dans la vie.

Seule la page blanche m'intéresse, pas celles que j'ai déjà noircies. Parce que c'est cette page blanche qui va m'emmener ailleurs.

C'est seulement en oubliant son passé, en s'oubliant soi-même, que l'on peut commencer à donner.

La mémoire, c'est comme la culture. C'est très bien à condition de savoir la dépasser. De savoir que l'on ne sait rien.

J'ai toujours préféré l'oubli.

Tout oublier.

Moi le premier.

Ne plus penser à rien.

Pour toujours être neuf.

Je ne veux plus m'analyser.

Je laisse ça aux intellectuels : ils adorent ça.

Ces gens immobiles, qui s'intéressent à des choses immobiles, qu'ils connaissent parfois, mais ressentent rarement.

À l'origine de tous les départs, de tous les Ailleurs, il y a un ressenti.

Une vibration. Un souffle.

La vie est comme un chant ou une danse. C'est la façon dont la nature s'exprime, avant les mots, au-delà des mots.

Quand j'avais treize ans, que je traversais des forêts seul la nuit, ce n'était jamais silencieux. Il y avait toujours quelque chose qui bougeait, qui vibrait, qui fouinait. Mais je n'avais jamais peur. Je n'étais que sensations, tout attentif à la seule musique des choses.

La peur, elle arrive quand tu commences à vouloir mettre des mots, à analyser les bruits plutôt que les vivre, à vouloir les nommer plutôt qu'à te laisser bercer, emmener, émerveiller par eux.

Là, dès que tu cherches à savoir, c'est foutu, tu cours te planquer.

Et tu as intérêt, car c'est souvent la peur qui amène le danger.

L'analyse, c'est la même chose.

C'est l'arrêt.

Une façon de se mettre en dehors.

En dehors du mouvement de la vie.

C'est ce que je n'aime pas chez les intellectuels, cette façon qu'ils ont de rester bien planqués, à l'abri. Ça finit par sentir le renfermé.

Au contraire, les poètes ont l'honnêteté d'avancer à découvert.

Eux sont dans la vie, dans le ressenti.

C'est pourquoi ils peuvent faire avancer le monde.

Nous emmener ailleurs.

L'Ailleurs, ce n'est pas une philosophie.
C'est ce qui enlève toutes tes théories.
C'est le fait d'être raisonnable et déraisonnable en même temps.
C'est même au-delà.
Savoir que l'on est raisonnable ou déraisonnable, c'est déjà quelque chose qui te ramène là.
Qui te fait quitter l'ailleurs.
L'Ailleurs, c'est au-delà de tout ça.
Être ailleurs, c'est être hors cadre.

Il faut aller voir

Quand je suis ailleurs, dans une culture qui m'est étrangère, tout m'intéresse.

La terre, ses produits, son histoire, sa géographie, son climat, les odeurs, les coutumes, les sons, les bruits, les silences, les chants, les croyances, la spiritualité, la lumière.

Je regarde les gens dans la rue quand ils marchent, quand ils vont.

Leur visage, leur démarche, leur respiration.

Tout se mêle, c'est à la fois une musique et un tableau, bien plus encore.

Une façon de vivre l'instant dans toute sa richesse.

Le voyage nous permet de renouer avec l'émerveillement, avec tout ce que le quotidien endort, tout ce que le familier met à l'arrêt.

Les problèmes et les projets n'existent plus, l'instant nous rattrape, on éprouve des choses qui vivent en nous et que d'habitude on néglige ou on ignore.

On devient plus vulnérable, donc plus réceptif aux êtres et au monde.

On se découvre des ressources insoupçonnées. Tout en nous s'éveille.

Avec cet autre air que l'on respire, c'est un autre ballon que l'on gonfle, une autre vie qui apparaît.

Encore faut-il la laisser apparaître.

S'ouvrir, casser ses barrières, oublier son *ego* et ses peurs pour n'être plus qu'une écoute, un regard.

Donner en soi une hospitalité à cet Ailleurs.

Elle est bien loin, l'époque des grands explorateurs.

L'uniformité qui gagne le monde a aussi gagné le voyage.

Aujourd'hui, tout le monde ou presque va au même endroit.

On suit le guide, la mode, les agences de voyages ou les médias.

Leur planète se réduit ainsi à cinq ou six destinations, bien confortables, avec juste ce qu'il faut d'exotisme.

Mais la planète est bien plus grande que ça, bien plus vaste que tout ce que l'on peut nous vendre.

J'ai parcouru des immensités où, mis à part ceux qui y vivent, personne ne met jamais les pieds.

Des immensités dont on ne sait rien, où tout est surprise.

C'est souvent là où j'ai vécu les instants les plus beaux, où j'ai rencontré les gens les plus émouvants.

Ce n'est pas toujours confortable, c'est vrai, mais pourquoi faudrait-il que le voyage soit confortable ?

Le voyage ne doit pas être confortable.

C'est en perdant tous tes repères que tu peux vraiment commencer à vivre un pays.

Parce qu'un pays, il ne faut pas le voir, il faut le vivre.

Sans plan, sans programme.

C'est important, la façon dont on l'habite, *personnellement*, cette planète.

Comment on profite ou non de tout ce qu'elle a à nous offrir.

Notre rapport à l'Ailleurs est bien souvent la meilleure mesure de notre volonté d'être.

Et de notre liberté.

Là où je suis le mieux, c'est avec des gens dont je ne parle pas la langue.

Mais même cette chose, qui semble toute simple, devient de plus en plus rare. Dans la plupart des pays du monde, les gens parlent anglais pour se faire entendre. Enfin, ils pensent qu'ils parlent anglais. Ils ne parlent même pas anglais, ils parlent américain.

Je ne comprendrai jamais cette manie de se contenter de l'américain. Pourquoi ne pas plutôt s'intéresser aussi à de jolies langues, des langues musicales comme l'arabe littéraire ? Ou le mandarin ? La calligraphie chinoise est un art exceptionnel, avec ses traits fins ou bien appuyés. Elle est à elle seule une sensibilité véritable. Presque un chant.

Je ne vois pas pourquoi je me mettrais à parler américain avec un Éthiopien ou un Ouzbek.

Je n'ai besoin d'aucune langue pour m'exprimer, je préfère les regards.

J'aime observer quelqu'un dont je ne comprends pas la langue, être complètement attentif à lui, à tout ce qu'il dégage, à tout ce qu'il est. Voir comment son histoire et sa géographie vivent en lui.

Je lui souris, je l'imite, et très vite je vois qu'il me regarde comme si je parlais sa langue.

C'est ce regard-là, que je vois et que je vis dans ses yeux, qui fait que d'un seul coup on est en connexion.

C'est ce que d'aucuns appellent une communion.

À l'état pur.

C'est à chaque fois aussi soudain et surprenant qu'un prophète qui te dit : « Lève-toi et marche ! », et tu te mets à marcher.

C'est la foi en la vie, tout simplement.

L'Ailleurs qui est dans le regard de l'autre devient alors ce qui t'est le plus proche.

Ce qui s'exprime ici, c'est l'humanité dans toute sa richesse.

Cette humanité qui est là depuis l'aube des temps et qui soudain ressurgit à travers ce regard.

Cet instant d'éternité, c'est ce que je préfère au monde.

Les mots ont été inventés par des personnes qui n'avaient rien à se dire.

Ce qu'il y a de plus beau dans l'humain et entre les humains a toujours lieu là où les mots ne vont pas.

Quand les mots t'abandonnent enfin, c'est que tu es en plein dans ton humanité.

Dans le bien comme dans le mal.

Voilà une chose que Duras avait admirablement sentie dans son film *Nathalie Granger*.

J'arrivais chez deux femmes pour leur vendre une machine à laver, je leur sortais mon boniment habituel et pour la première fois je tombais sur des gens qui écoutaient *vraiment* ce que je disais.

Qui écoutaient *chacun* de mes mots.

Et là, je n'arrivais plus à parler. J'étais paralysé. Plus aucun mot ne pouvait sortir de ma bouche. Tous semblaient dérisoires. Je réalisais soudain qu'ils n'avaient aucun sens.

Les mots, ça n'a aucune importance.
On n'en a pas besoin.
Une vraie ouverture à l'autre, à la vie, suffit. Elle nous donne toutes les langues du monde.

Là, je reviens tout juste d'Éthiopie.

Un pays merveilleux.

Qui m'a attrapé.

L'Éthiopie, c'est toute l'histoire de l'humanité.

Les gens ont une mentalité complètement différente de tout ce que j'ai connu ailleurs.

Et je pense que ce n'est pas sans rapport avec le fait que le pays n'a jamais été colonisé.

Les Italiens ont pourtant essayé, entre 1936 et 1941, puis ils ont mis la clé sous la porte. Rien à faire, impossible à coloniser. Une bénédiction. La culture, les mœurs, la langue sont restées les mêmes. Depuis toujours. Aucune greffe n'a pris.

Il n'y a pas eu toutes ces ignominies comme à peu près partout en Afrique, cette obsession de l'armée, de l'économie, des missionnaires étrangers, d'arracher et de domestiquer des parcelles entières de pays, de cultures qui ne leur appartenaient pas. Sous prétexte, comme toujours, de civiliser.

On n'a pas importé une autre langue en Éthiopie, comme la France l'a fait ailleurs. Ce qui est toujours une imposture.

Aujourd'hui encore, et grâce à cela, il reste des tribus, des dialectes.

Dans le sud du pays, le long de la rivière Omo, j'ai vu les Bodi, les Daasanach, les Mursi, qui vivent là, sur leur terre noire, un peu comme les premiers *sapiens*. Ils habitent dans des huttes. Tous ensemble. Ils dorment par terre. Chacune de ces tribus parle sa propre langue, une langue qui est plus une musique qu'autre chose. Ils n'ont pas la notion du temps, ils ne savent même pas leur âge. Ils vivent du troc, ils ne savent pas ce que c'est que l'argent, ils n'en ont rien à foutre. Ils en sont encore à l'âge magique.

Là-bas, il y a vraiment quelque chose qui te sort de ton monde, qui te mène ailleurs.

Un Ailleurs proche de l'origine.

On sent ce qu'a pu être Babylone, on sent comment le monde s'est fait.

On le ressent profondément.

Et on ressent encore véritablement l'appartenance à l'histoire humaine.

Aucune autre culture n'est venue perturber par la violence l'ordre naturel des choses. On ne les a pas castrés en leur imposant un mode de vie qui n'était pas le leur. Et c'est sans doute pour ça qu'il y a, entre toutes ces ethnies, un véritable respect de l'autre, un respect de ses mœurs différentes, de son identité, de ses croyances ou de ses cultes.

J'ai été étonné par la coexistence pacifique de toutes les religions.

On y trouve beaucoup de mosquées, des églises, il y a des musulmans, des chrétiens, des juifs, des orthodoxes, des animistes, qui, tous, cohabitent sans difficulté. La population est très fervente, mais très respectueuse de la croyance de l'autre. Il y a là une vraie élégance. Une harmonie. Une chose qui a dû exister en Europe à Cordoue au XIIe siècle. C'est très impressionnant.

Les gens sont d'une extrême délicatesse. Quand tu es avec eux, c'est un peu comme s'ils regardaient ton âme avant d'écouter tes paroles.

Combien de temps cela va-t-il encore durer ?

Il y a en effet une saloperie qui est en train d'arriver d'Amérique : les évangélistes. Eux prêchent dans des stades immenses jusqu'à l'hystérie, ils essaient de convertir à tour de bras. On dirait des rappeurs illuminés, ils me font penser à une version encore plus terrifiante de Robert Mitchum dans *La Nuit du chasseur*, avec son obsession pour le bien et le mal, sa bible sans cesse brandie. C'est véritablement la plaie ouverte aujourd'hui, ces fanatiques intégristes, qui viennent hurler l'histoire d'Adam et Ève. Ils peuvent rompre tout à fait le bel équilibre de ce pays.

Avant l'Éthiopie, j'étais au Japon. Là-bas, il n'y a vraiment plus rien. On est vraiment après l'Apocalypse. Les Américains s'y sont imposés. Ils ont retiré tout un tas de choses aux Japonais, à commencer par leur sens de l'honneur.

Ce peuple, sa culture, ont littéralement été brûlés par la bombe. Même ses traditions, pourtant ancestrales, sont devenues une sorte de Disneyland. Il ne reste plus que deux survivants qui savent encore faire de véritables katanas, le reste c'est de la copie de copie.

C'était pourtant un peuple de guerriers, de conquérants, tout ça est bel et bien fini.

Avec sa justice, le pays a aujourd'hui des allures de dictature. Il enferme ses habitants dans un cadre rigide qu'ils ont une peur panique de transgresser.

Il y avait pourtant une telle harmonie dans leur civilisation, mais elle n'existe plus. Ils n'ont plus leur culture, ils n'ont pas tout à fait celle des Américains, ils errent entre les deux, pareils à des morts-vivants.

Une des choses qui m'ont frappé en Éthiopie, c'est le rapport du peuple à l'art.

Celui-ci est très rudimentaire, souvent fait de terre, de bois brûlé et de pierre de craie, mais c'est une véritable expression.

Proche des mains que l'on retrouve sur les peintures rupestres.

J'ai trouvé le contraste saisissant avec ce qui se passe dans les pays occidentaux, où l'art est devenu argent.

Où les gens ne savent même plus ce qu'est l'art, quelle est sa fonction, mais où ils savent très bien ce qu'est l'argent.

L'art, c'est un éveil.

Une question.

Dès l'origine, c'est un élan pour aller au-delà de l'existence quotidienne, matérielle.

Une façon d'interroger l'invisible.

De trouver une vibration entre la vie et ce qui est au plus profond de nous-mêmes.

Ici, on a oublié ce qu'était l'art, on a oublié sa valeur réelle.

Peut-être parce que l'on n'a plus grand-chose à exprimer.

Parce que, pour que l'art existe, il faut que la vie existe.

Et en Éthiopie, elle existe encore très fort.

Le mode de vie en Éthiopie m'a fait penser aux premiers Amérindiens.

À ces hommes et à ces femmes qui, venant de Sibérie par le détroit de Béring, sont arrivés dans ce pays vierge, l'Amérique, aussi vaste que sublime.

Pour eux, c'était vraiment l'Ailleurs.

Un autre climat, plus clément, une autre nature, magnifique.

À laquelle il a fallu s'adapter.

Devant laquelle il a fallu renaître.

Si j'aime aller en Amérique, c'est pour voir les traces qu'ont laissées ces gens qui, quand Christophe Colomb est arrivé, étaient déjà là depuis plus de sept mille ans.

Ces gens qui cherchaient une harmonie.

Ces gens pour qui la terre, comme l'air, était à tout le monde et pour le bien de tous ; qui étaient en connexion avec la nature, qui se soignaient par ses plantes.

Ces gens qui avaient une véritable intelligence de vie.

Il y avait des castes et des rites, mais ni politique ni religion.

C'était un ordre naturel.

La deuxième vague d'immigration en Amérique, celle qui commence au XVIIIe siècle, celle de la bannière étoilée, des États-Unis, m'intéresse moins.

C'est celle de l'appât de l'or, de la religion, de la politique.

Ce sont ces immigrés venus d'Europe, la Bible à la main, souvent indésirables dans leur pays parce qu'intégristes religieux.

Ces gens qui, plutôt que d'essayer de connaître la culture indienne, de profiter de toute la richesse de ces peuples installés depuis si longtemps sur ce territoire, et qui n'avaient pas le sens de la propriété ni du profit, ont préféré tirer dans le tas.

Comment veux-tu que les Indiens aient pu partager un Ailleurs avec ces connards qui leur ont d'emblée mis des croix sur la gueule ?

Pourtant ces colons avaient du courage, une volonté remarquable, pour traverser comme ils l'ont fait la vallée de la Mort, hommes, femmes, enfants, tous entassés dans des chariots par soixante degrés.

Et tout ça pour quoi ?

Pour finalement éradiquer une culture remarquable et à la fin y bâtir une machine, Las Vegas, avec tous ses putains de casinos, qui ne sont rien d'autre que des églises à Pognon. Consacrées au dieu Dollar.

Et aujourd'hui, là-bas, on en arrive à cette folie où des gamins, dans les écoles, en massacrent d'autres à coups de fusil à pompe.

C'est ça, le progrès ?

Un enfant qui en tue un autre, c'est le plus grand signe de déséquilibre d'une société.

Cela ne serait jamais arrivé chez les Indiens.

Dans n'importe quelle tribu d'Éthiopie, que les Occidentaux regardent avec leur air supérieur, les enfants sont libres, vivants, indemnes.

Dans la rue, tout le monde s'occupe d'un enfant.

Il a ses repères, il n'est jamais perdu.

Il ne se met pas à pleurer quand on lui adresse la parole.

Mais avec ce dieu Dollar, là oui, on peut dire que le diable existe vraiment.

Je remarque que les gens vont de moins en moins dans les grandes contrées, hors des chemins battus.

Ils n'y pensent même plus.

Ces mensonges que sont la politique et sa presse les effraient à l'idée d'aller visiter un de ces pays qui ne vont pas « dans le sens de notre histoire ».

Ou dans un pays où sévissent des terroristes.

Si tu commences à croire qu'il y a des terroristes partout, tu finis par devenir ton propre terroriste.

Moi, j'aime aller dans ces pays où les gens ont peur d'aller.

C'est là où l'on mesure le mieux l'indécence et l'hypocrisie de l'Occident, toutes ces saloperies qu'il essaie de masquer.

Et ce sont souvent les pays les plus humains.

C'est là que je les rencontre, ces honnêtes gens, dans ces États que l'on qualifie parfois ici de voyous.

Des gens qui existent encore vraiment, en dépit des règles et des lois.

Des gens qui ont encore une odeur, une saveur.

Des gens qui me surprennent et m'emmènent véritablement ailleurs.

Je vois le monde, je suis intéressé par les gens qui me touchent.

Qu'importe ce que l'on me dit d'eux, moi, je sais ce que j'entends d'eux.

Prends par exemple ces dictatures, que l'Occident dénonce à longueur de temps. Leur premier abord est souvent effrayant, ce premier abord outrageusement maquillé par les politiques et les médias, celui qui fait peur, celui qui fait vendre.

Quand je suis allé en Corée du Nord, j'ai vu comment fonctionnaient les journalistes. J'étais dans un hôtel où il y en avait plein. Pas une fois ils ne l'ont quitté, cet hôtel, sauf pour suivre le programme qui leur avait été fait. Ils sont restés là, parqués. Comme des cons. On aurait dit un car de touristes au Mont-Saint-Michel. Ils sont venus et sont repartis avec leurs propres préjugés. L'idée ne les a même pas effleurés d'aller voir ailleurs, autre chose. Ils sont restés enfermés, et en revenant ils ont écrit des articles dans lesquels ils disaient qu'ils étaient enfermés. Commence par essayer de sortir, abruti, avant de dire que tu es enfermé !

C'était hallucinant.

Bien sûr, on n'avait pas le droit d'aller partout. Mais je n'ai eu aucun mal à convaincre les gardes de m'emmener là où je voulais.

Je leur disais : « Je veux aller là. »

Ils me répondaient : « Non, on ne peut pas. »

Alors je leur disais : « Vous, vous ne pouvez pas, mais moi, je veux y aller, et vous allez venir avec moi. Je peux vous y emmener ! »

Et on partait.

Je suis allé comme ça jusqu'à la frontière de la Corée du Sud.

Et dans ce pays, j'ai vu un régime de dictature, bien sûr, un régime que je ne soutiens pas, mais j'y ai aussi vu des êtres humains.

Ceux dont ne parlent jamais nos journaux, ceux que l'on résume à ce régime qu'ils subissent au quotidien.

J'ai fait de vraies rencontres et j'ai vécu de grands moments.

Un jour, j'étais dans un fauteuil roulant parce que j'avais du mal à marcher, il y avait un militaire avec moi, qui ne me lâchait pas du regard, ses yeux étaient des mitraillettes. Il devait se demander ce que c'était que ce gros tas qui se faisait rouler dans son fauteuil. Moi aussi, je le regardais, je le fixais, je ne le lâchais plus, c'était comme dans un film de Sergio Leone. Et je riais intérieurement en continuant à le fixer, son regard était de plus en plus hargneux. J'avais l'impression d'être dans la cage de bambou du *Pont de la rivière Kwaï*, avec le mec prêt à me taper dessus. Au bout d'un moment, j'ai demandé au traducteur de lui dire que j'allais lui payer une glace, chez le marchand, un peu plus loin. Il n'a pas bougé. J'ai dit à mon traducteur : « Allez, pousse-moi, il va suivre ! » Et en effet, il a suivi. On est allés jusqu'au petit triporteur qui vendait des glaces gelées comme du marbre, j'en ai pris une pour chacun, il l'a acceptée, et au moment où j'ai mordu dans la mienne, paf, ma dent s'est pétée !

Et là, il a commencé à rire, à hurler de rire !

Toute son apparence, son uniforme, son autorité se sont évanouis en un instant, et on a partagé un moment véritablement extraordinaire avec cette glace à la dent ! On a trouvé un autre langage, un langage commun.

Au-delà de la politique, au-delà des mots.

Et quand il est parti, il m'a lâché un « 안녕 ! » vraiment jovial !

C'est ce que j'aime dans l'Ailleurs : il est toujours surprenant.

Il faut savoir aller au-delà de tous nos préjugés et, plus encore, de tous les préjugés des autres. Ceux que le pouvoir ou la presse nous vendent, par exemple, qui sont des obstacles majeurs à l'Ailleurs.

Il faut aller voir.

Comment se passent les choses.

Comment se passent *vraiment* les choses.

Si tu n'y vas pas, si tu n'entres pas profondément à l'intérieur, tu ne comprendras jamais.

Tu te contenteras d'un on-dit.

D'un cliché.

Et, où que tu ailles, ce n'est jamais si noir ou si blanc qu'on veut bien te le dire.

C'est simplement humain, souvent, même quand c'est inhumain.

Dans les circonstances les pires, l'humanité résiste.

Au milieu du pire des ghettos, des camps, il reste toujours une vie.

On voit bien ça dans *Le Dictateur* de Chaplin. Il y a ce petit bonhomme dans le ghetto, qui continue, malgré tout, à vivre une vie presque... normale. Donner à voir ça, c'est la vraie force de Chaplin, c'est superbe.

Il te montre que, dans les pires des conditions, la vie continue, le quotidien est là, l'Ailleurs aussi, l'amour peut te faire t'envoler, il se passe des tas de choses, certaines superbement humaines.

La beauté, tu peux la trouver partout – tu peux même la trouver dans un goulag terrifiant en Sibérie, cette étendue de neige calme entre le ciel et la terre, quand tu es la seule tache noire dans tout cet espace blanc...

Jusque dans la pire inhumanité, la plus terrible des survies, la beauté peut s'insinuer.

Que ce soit en Corée du Nord, en Tchétchénie ou ailleurs, j'ai vu des gens qui se surveillaient les uns les autres, des frustrations, des peurs, des horreurs, des choses terribles pour nos imaginations, mais les gens dont c'est le quotidien vivent souvent le plus normalement du monde à l'intérieur de ces contraintes.

Un pays ne se résume jamais à son pouvoir, aussi sévère et infréquentable soit-il.

Il n'y a pas que le palais présidentiel, il y a toute la nature, la géographie et la façon dont les gens vivent cette géographie en dépit de leur histoire.

Quand j'étais en Tchétchénie, j'ai vu Kadyrov dans son palais immense, mais j'ai aussi vu tous ces paysans, au cœur du pays, qui, malgré leurs blessures énormes, peuvent avoir, sans parler la même langue que toi, le même sentiment que toi, au même moment que toi.

Te donner à manger, à boire, communier avec toi.

Ces gens d'une humanité incroyable, dont on ne parle jamais ici, qui sont dans l'oubli de l'oubli, tant tous les yeux sont fixés sur Kadyrov.

Ces gens qui existent pourtant.

Vraiment.

Et c'est la même chose partout.

Prends le Kazakhstan, qui a longtemps été la poubelle de l'Union soviétique. C'est là où on a enfermé beaucoup de prisonniers allemands pendant la guerre, et où aujourd'hui encore il y a des villages où l'on ne parle que l'allemand. Là aussi, tu as un pouvoir fort, celui de Nazarbaïev. En dix ans à peine, il a bâti la capitale, Astana, comme un pharaon se faisait ériger une cité. Aujourd'hui, cette ville est comme un mirage au milieu du désert, avec ses bâtiments incroyables construits par les plus grands architectes, comme Norman Foster ou Gio Ponti. Il m'a fallu trois voyages à Almaty pour enfin découvrir les vignes, qui avaient été plantées par les Russes, avec des cépages autochtones, et dont s'occupent maintenant des Italiens.

Ce pays a l'une des plus belles natures du monde. Et tomber, au détour d'une steppe, sur un troupeau de chevaux sauvages est une expérience que je souhaite à tout le monde.

Si tu ne t'arrêtes pas à ce que racontent les journaux d'ici, tu rencontres là aussi des gens passionnants, qui ont une culture, une histoire et une géographie très différentes des nôtres, mais dont tu peux partager l'humanité.

Une humanité venue d'ailleurs.

Mais qui est la même partout.

Dans ce genre de pays, la grande ennemie de l'Ailleurs, c'est la peur.

C'est un obstacle qu'il faut franchir pour trouver, au-delà, une autre vie.

Dans les endroits un peu dangereux, la surprise est partout.

La meilleure comme la pire.

Dans certains États, n'importe quel petit pouvoir a tous les droits, y compris celui de tuer. Quand tu arrives à une frontière ou à un barrage avec des mecs en armes, la tension monte. D'un seul coup, tu n'es plus personne, tu es vraiment *arrêté*, il peut tout se passer. Il est très facile pour celui qui est en face de toi de te déposséder de toutes tes certitudes.

Tu ne sais plus rien, tu ne sais pas si tu as enfreint une de ces lois que tu ne connais pas, tu ne sais pas ce qu'on peut sortir de tes bagages ou y mettre, tu ne sais pas la façon dont le type en face de toi voit les choses, ou dont il les suspecte. Ta gueule peut ne pas lui revenir. Et il y a ce putain d'uniforme, qui leur donne à tous ce regard impitoyable de tueur. Là, l'habit fait vraiment le moine. C'est l'uniforme qui fait la règle. Toi, tu as deux antennes qui captent des choses qui peuvent être terribles. Là, il vaut mieux les couper tout de suite, ces antennes, ne rien prévoir, ne rien anticiper. Rester dans le présent et faire ce qu'on te dit. Moi, je n'ai aucun privilège dans ces cas-là, quelquefois ça passe mieux parce qu'on me reconnaît, quelquefois c'est pire parce qu'on me reconnaît.

C'est aussi ça, l'Ailleurs.

Un danger.

Et il n'y a pas qu'aux frontières que ça se passe.

On croise beaucoup de cons.

Comme je suis souvent un peu con moi-même, je ne sens pas toujours la douleur.

Mais ça m'arrive quand même, quand la connerie se fait trop insistante.

Une fois, j'étais aux États-Unis chez John Travolta, avec Mohammed Ali. C'était l'époque des premiers quads. J'avais Guillaume avec moi, qui avait trois ans, je l'ai emmené faire un tour dans les orangers, tous les deux, tranquilles. Jusqu'au moment où on est tombés nez à nez avec un mec qui avait un fusil dans les mains. Il a commencé à hurler : « *Where are you going ?* » Il pointait son fusil sur nous, l'air enragé, prêt à en découdre. Il n'arrêtait pas de gueuler : « Vous n'avez rien à faire ici, c'est ma terre, c'est ma propriété ! » J'avais Guillaume avec moi : même si j'en avais très envie, je ne pouvais rien faire d'un peu inconscient.

Ça, c'est le pire, ces mecs qui ne veulent rien d'ailleurs.

Rien d'étranger.

Et qui sont prêts à tuer pour ça.

La peur, c'est vraiment la saloperie.

C'est ce qui fait tuer.

Les nazis, ils sont devenus nazis pour fuir la peur.

Ils avaient l'impression d'être protégés, mais la peur a fait d'eux des monstres.

Staline, quand il a compris la peur qu'il inspirait, il a commencé à avoir peur de lui-même.

Il n'a plus jamais été tranquille.

Et il est mort à cause de la peur qu'il faisait régner.

Un soir, il est allé se coucher, le lendemain personne ne l'a vu, mais personne n'a osé aller frapper à sa porte, de peur de le déranger. Quand finalement, au bout de quelques heures, un mec un peu plus courageux que les autres est allé ouvrir, il l'a trouvé par terre, inconscient. Ils n'ont pas osé appeler un médecin, par peur de Staline, qui avait décrété que seul Beria pouvait autoriser un médecin à l'approcher. Il a donc fallu joindre Beria et il s'est passé presque vingt-quatre heures après son attaque, avant qu'un médecin entre enfin dans la chambre.

Le seul qui n'a jamais eu peur, c'est peut-être Caligula.

À la peur, lui a préféré la folie.

Je viens de quitter l'Algérie.

J'étais à El Djamila, l'ancienne Madrague. C'est une ville avec tout autour des jardins de toute beauté qui produisent des fruits, des légumes extraordinaires. Et sans une merde de glyphosate dessus. Les chimistes n'y ont pas encore mis leur groin.

C'est riche, c'est beau, les gens qui cultivent ces terres ont tout à nous apprendre. Il y a dans les yeux de ces paysans, comme dans ceux des pêcheurs de la ville, une intelligence, une ouverture incroyables. Quand je les vois, ces Algériens, c'est vraiment la vie que je vois. C'est elle qui donne toute cette intensité à leur regard. Ces gens connaissent tout, c'est-à-dire qu'ils n'ont rien oublié de la nature.

Si on peut souvent être trompé par la perversion des gens qui font l'histoire, la simplicité de ceux qui vivent vraiment leur géographie ne nous trompe jamais.

Et pourtant, l'histoire de l'Algérie, c'est quelque chose.

C'est un peuple qui a été écrasé, trompé avec violence par ses dirigeants politiques. La corruption a sali ce pays magnifique. Ils sont en train de vivre une très belle rébellion, sans violence aucune. Ils savent qu'ils ont été abusés, qu'ils ne peuvent pas faire grand-chose pour le moment, mais il y a des racines qui remontent très fort.

Il faut voir ce qu'ils ont vécu.

En 1827, l'Algérie était déjà un pays sublime, avec ses sources, sa verdure, ses champs de blé et d'agrumes. Il y avait quatre-vingt-dix pour cent de lettrés, des écoles partout, des universités. C'était un pays riche et civilisé.

Charles X a profité d'un incident diplomatique pour envahir le pays : un coup d'éventail donné dans une soirée mondaine par le régent Hussein Dey au consul de France Pierre Deval. Un peu à la façon de Zidane qui, lassé des provocations de Materazzi, lui a foutu un coup de boule. Quelques jours plus tard, quatre cents bateaux et trente mille hommes, la plupart des illettrés, des soldats abrutis, sont venus pour envahir ce pays et en massacrer l'équilibre.

Ça a été une boucherie, dont il faut se souvenir.

Un jeune étudiant en jurisprudence et en théologie soufie, Abdelkader, qui, lui, était loin d'être illettré, a réuni les tribus de sa région, du côté d'Oran. Il a été élu émir. Les Français ont fait avec lui comme les Américains avec les chefs indiens. Ils ont d'abord signé un traité puis, tout de suite, ils ont violé l'accord. Le maréchal Bugeaud et ses fameuses colonnes se sont alors mis à piller, à massacrer toutes les populations arabes. Ils ont incendié les villages, volé tous les troupeaux pour affamer les autochtones. Ils ont enfumé les grottes du Dahra, où un millier de personnes – hommes, femmes et enfants – s'étaient réfugiées pour échapper aux pillards de l'armée. Tous ont été asphyxiés.

Voilà ce que l'on a appelé la première pacification de l'Algérie.

Et voilà le mot d'ordre du maréchal Bugeaud, notre héros national :

« Le but est d'empêcher les Arabes de semer, de récolter, de pâturer, de jouir de leurs champs. Allez tous les ans leur brûler leurs récoltes ou bien exterminez-les jusqu'au dernier. Si ces gredins se retirent dans leurs cavernes, fumez-les à outrance, comme des renards. »

On n'en parle jamais, mais tout ça est à la Bibliothèque nationale de France, disponible.

Abdelkader a ensuite été exilé à Toulon, puis s'est retrouvé à Damas, où, lors des émeutes de 1860, il a sauvé des centaines de chrétiens, dont une majorité de Français, en les cachant chez lui, en faisant assurer leur protection par les Algériens de sa suite. Il a été d'un tel héroïsme que la France a fini par lui donner la Légion d'honneur !

Quant à l'Algérie, tout le monde connaît la suite.

Le 8 mai 1945, pour fêter la libération de la France, à Sétif, un jeune scout a osé brandir un drapeau algérien au milieu des drapeaux français. Résultat, vingt mille victimes algériennes assassinées par l'armée française.

Bien sûr, il y avait aussi des gens très bien chez les Français qui se sont installés en Algérie ou qui y sont nés. Des gens comme Albert Camus, André Mandouze, il y avait des instituteurs, des gens que les Algériens adoraient, qui se comportaient très bien avec eux.

Mais la fin a été à l'image du début.

Et j'ai vu, à Châteauroux, des gamins revenir de la guerre avec des colliers d'oreilles d'Arabes.

C'est aussi ça, la France.

Il faut parfois éviter d'être amnésique.

Le nazisme n'a rien à voir avec l'Allemagne.

Le nazisme, c'est l'homme avec son ignorance et ses violences.

L'histoire, c'est souvent la nature humaine quand tu la laisses aller.

Mais avant tout, c'est toujours une histoire de foules.

Un fait de ces masses qui moi m'angoissent.

Tu ne peux pas élever une foule.

Ni la réveiller.

Tu ne peux que la subir.

Elle se vautre toujours naturellement dans ce qu'il y a de pire.

Dès que tu entres dans une masse, une demi-masse même, tu prends de la connerie plein la gueule.

L'individu, lui, peut toujours s'en tirer, déjouer.

C'est toujours de lui que vient l'Ailleurs, jamais de la masse.

La politique est toujours effrayante.
Elle est contre nature.
Partout, elle commet des dégâts irrémédiables.
Je viens de passer un mois en Ouzbékistan.
J'y ai vu la vie.
J'y ai retrouvé cette enfance que l'on peut parfois vivre quand la paix règne autour de soi et que l'on se sent en harmonie.
J'y ai rencontré des gens qui vivent dans un respect total de leurs traditions. Ce n'est même pas un respect, c'est qu'ils ont leurs ancêtres dans le sang. Ils sont sur leurs terres. Ils sont leur terre. Contrairement à la France, où on a coupé tous ces liens.
Il y a de très belles fêtes, souvent, partout, on y invite volontiers les étrangers.
Ces gens savent encore d'où ils viennent et qui ils sont, c'est pourquoi ils n'ont pas peur de l'autre.
La culture, là-bas, est une chose qui se respecte.

Qui que tu sois, d'où que tu viennes, on est curieux et attentionné.

Il y a encore un vrai sens de l'accueil et de l'hospitalité.

On ne laisse personne de côté.

Si quelqu'un vient d'ailleurs, on ne demande qu'à échanger avec lui.

Il y a pourtant dans ce petit pays de nombreuses minorités qui coexistent. Outre les Ouzbeks, il y a des Russes, des Tadjiks, des Tatars, des Kirghizes, etc. Plus de quatre-vingts nationalités réunies.

Avec des religions nombreuses. Le pays est laïc, la majorité est sunnite, mais on y trouve des chiites, des orthodoxes, des catholiques, des juifs, etc.

Et tout le monde y vit en paix. Sereinement.

C'est un Ailleurs qui m'a complètement enveloppé.

Et ce malgré une cicatrice énorme faite par un abruti de politique, Khrouchtchev.

Dans les années soixante, cette espèce de sot, ce sourd à la vie, a décrété que les zones désertiques de l'Ouzbékistan devaient être irriguées pour y implanter des champs de coton. Et pour ce faire, il a fait détourner les deux principaux fleuves qui alimentaient la mer d'Aral. Qui aujourd'hui est à sec.

À cause d'une idée du pouvoir, d'une idée d'un fou.

Cette pauvre mer d'Aral est bel et bien la honte de toutes ces idéologies.

Et quand j'entends le mot *politique*, la première chose à laquelle je pense maintenant, c'est à une mer que l'on vide de toutes ses richesses.

Ouvrir les vannes et se laisser emmener par le courant

Je suis nomade dans l'âme.

Depuis le premier jour, depuis que j'ai été chassé du ventre de ma mère.

Je suis né nomade.

Et un nomade, ça ne s'attache à rien.

Ça n'a pas d'histoire.

Pour lui, tout est toujours nouveau.

Il n'y a que des commencements.

Je n'arrête pas de bouger.

Je vais à tous les vents.

J'aime la vie avec toutes ses odeurs et ses partages.

Je suis rempli de gens que je rencontre, de choses que je vois.

Je n'aime rien de plus qu'être entre, entre deux pays, entre deux vies.

Entre deux amis, deux confiances.

Dans le cheminement, dans le passage, en transit.

Sur le quai.

Le nez au vent.

Même si c'est fatigant pour ceux qui m'aiment.

Bien sûr, en vieillissant, on est toujours plus raide.

Ce que tu as vécu t'entrave davantage.

T'empêche d'aller vers l'Ailleurs.

Les valises de merde sont plus lourdes à porter qu'avant.

Il faut quand même trouver la force de les jeter.

De prendre la clé des champs.

Et plus il y a de merde dedans, mieux c'est : plus ces champs pourront te donner de beaux légumes !

Quand j'allais en vacances chez ma grand-mère, qui était dame pipi à Orly, on chiait encore dans une espèce de pot, sur une planche à chier, comme il en existait depuis des siècles. Il n'y avait ni papier hygiénique, ni chasse d'eau. Juste une pile de journaux et une cuvette.

Quand le pot était plein, on vidait nos merde sur le tas de fumier dans le jardin, avec les crottes de lapin. L'hiver, on mettait ce tas de merde sur la terre, sur le rang de poireaux, sur les salades, on bêchait, on retournait tout ça, et ça nous donnait notre nourriture à venir. Qui venait de notre ventre et de celui des lapins. Des légumes sublimes.

La merde, ça peut aussi servir à ça. À nourrir le sublime.

Il y a toujours une autre façon de voir.

Il faut juste savoir ne pas rester planté les deux pieds dans son seau de merde.

Toujours *être* ailleurs.

Être privé d'Ailleurs, c'est terrible.

C'est être immobile, prisonnier de nos formes.

C'est l'enfer.

La rigidité.

Quand on subit un présent qu'on s'inflige ou qu'on nous inflige.

Quand on est privé d'une liberté qu'on a en nous, mais que l'on ne se permet pas.

On a vite fait de tomber méchant.

Simenon a très bien décrit ce genre de malédiction. Celle des hommes bloqués.

Quand on est jeune, on y arrive toujours, parce qu'on est habité par une certaine grâce. Mais quand celle-ci nous quitte, elle nous laisse parfois enfermés dans un quotidien, un couple, un métier, sans plus aucun accès à l'Ailleurs.

On reste muet.

Muet dans un champ de merde, sur notre petit carré qui nous colle aux pieds.

Immobile.

On est arrêté, assommé, sans surprise. On se recroqueville.

Tout est prévisible, c'est prévu.

Le pire, c'est qu'on peut survivre longtemps à l'intérieur de cette chose qui nous empêche de vivre. C'est un quotidien, un rituel, une anesthésie, on ne s'aperçoit plus de rien, ou on ne veut même plus s'en apercevoir.

On y arrive quand même.

Malgré tout.

Même derrière les barbelés, la vie continue.

On se blinde.

C'est humain, même si ça ne l'est pas.

Il y a beaucoup de femmes et d'hommes sur lesquels on peut cogner, cogner encore, et qui ne sentent rien, qui ne bougent pas.

Et quand ils sentent enfin, c'est souvent trop tard. Tout leur est déjà tombé sur la gueule.

À commencer par leur couple.

Ce n'est pas une chose facile à tenir, le couple.

Passé le moment de découverte, le besoin de fusion, il y a toujours des tremblements, des secousses, des distances qui s'installent, avec lesquels il faut savoir faire.

C'est difficile d'aimer. Parce qu'il faut accepter tout ce que ça engendre, dans le meilleur comme dans le pire. Et pour ça il faut une honnêteté pas toujours facile à tenir.

Il y a des moments où tu n'en peux plus. Ou même aimer devient trop lourd.

Ton mari ou ta femme, tes enfants, ton boulot, tout te devient pénible.

Tu as besoin de dételer.

D'aller chercher des choses ailleurs, au bistrot ou avec un amant ou une maîtresse.

Tromper son homme ou sa femme, c'est très sain. Ça fait partie du terreau de la vie. C'est une biodynamie de l'humain depuis toujours. Ça aussi, c'est un Ailleurs, un Ailleurs qui peut régénérer ton couple. Enclencher un nouveau cycle.

Ce qui est toujours mieux que de rester abasourdi, à développer une espèce de rejet, de rejet de tout.

C'est jamais bon, le rejet.

C'est comme une mauvaise cellule qu'on s'implante à l'intérieur et qui ne marche pas.

Que l'on soit dans la merde, c'est pas grave.

Mais il ne faut pas ne pas aimer.

Quand tu as six ans, que tu es en pleine croissance, en pleine découverte d'un monde que tu ne connais pas, tu n'as pas besoin d'Ailleurs.

L'Ailleurs, il est là, en toi, autour de toi, partout.

Mais ton regard d'enfant a vite fait de céder la place à un quotidien, un confort, des problèmes.

Tu deviens ta seule préoccupation.

Et tu finis par ne plus retrouver ton présent dans ce que tu désires profondément, dans ce que tu penses, dans ce que tu sens.

Là, tu as besoin d'un Ailleurs.

Pour continuer.

Continuer à aimer.

Ce n'est jamais en allant vers soi que l'on peut trouver l'Ailleurs, c'est toujours en allant vers les autres, vers la vie.

Il faut commencer par se délester de soi-même.

Ce qui est toujours un grand soulagement, tellement on s'encombre en permanence.

Et surtout enlever toutes ses barrières.

On en revient alors à son regard d'enfant, cette innocence qui seule peut soigner.

Mais cela ne peut s'obtenir que sans mensonge, dans une franchise totale.

Ce qui est tout sauf paisible.

Ça peut même être destructeur, parce qu'il faut tuer beaucoup de choses en soi pour pouvoir s'alléger. Toutes ces choses qui, au quotidien, nous tuent à petit feu.

Il faut tout nettoyer.

Avoir le courage de s'extirper de soi-même.

C'est la seule façon de retrouver son état d'enfance.

Son infinie fraîcheur.

Ouvrir large les vannes, larguer les amarres, se laisser emmener par le courant et oublier tous les retours possibles.

Trop souvent, l'homme est un aventurier sans aventures.

Ses passions sont muettes et il n'y a qu'une certaine forme de liberté qui peut les rendre causantes.

L'aventure, c'est aller plus loin.

Et avant tout en soi-même.

C'est un chemin à l'envers. Il faut passer un sas en soi. Pour être plus libre encore.

Devant l'Ailleurs, on est souvent d'abord comme un enfant qui veut toucher un animal pour la première fois. Il n'ose pas, il ne sait pas. Mais tant qu'il ne l'aura pas fait, ça continuera à l'obséder.

C'est la même chose pour le désir.

Quand tu es devant quelqu'un ou quelque chose que tu ne connais pas, qui est pour toi une beauté ou une curiosité, il faut faire confiance à ta salivation.

Elle te montre le chemin.

Il ne s'agit pas d'aller bien loin, de franchir les montagnes.

Juste d'aller au-delà de ce que tu crois connaître de toi.

Être attentif à cette eau d'une autre source, qui va faire élever des pousses que tu ne connais pas de toi.

Le désir, c'est l'appel de la vie.

Encore faut-il l'entendre.

Être disponible pour le recevoir.

C'est cette disponibilité qu'il faut trouver en soi.

En ouvrant toutes ses portes.

Ce qui peut en sortir est souvent extraordinaire.

La plupart du temps, on ne soupçonne même pas toutes les émotions, les ressources qui se cachent derrière.

Quelquefois, ce n'est pas ce qu'on attendait qui vient, ce n'est pas forcément quelque chose qui fait tout à fait plaisir, mais tant pis si ça doit nous emmener vers une autre angoisse.

Au moins, on aura quitté celle qui nous paralysait.

On aura recommencé à bouger.

On cessera enfin de s'imiter en retrouvant en soi ce souffle que l'on n'avait plus.

Cette vibration perdue.

On rencontre un autre temps que celui qui nous emprisonnait.

Et à partir de là, on peut vraiment retrouver son élan, prendre le risque d'oser, de s'imaginer, de s'inventer.

De s'aventurer.

L'Ailleurs, c'est la seule chose qui peut nous amener à franchir le pas.

L'Ailleurs, tu peux le trouver à côté de chez toi.

Il te suffit de sortir de toi-même pour voir ce qui est et ce qui vit autour de toi.

Tu peux le trouver dans la forêt de Fontainebleau si tu sais regarder un arbre, imaginer les racines, le dialogue silencieux qu'ont les arbres ensemble.

Même un homme dans une cellule peut être ailleurs. Il faut pour ça qu'il trouve la chose qui va donner un sentiment d'être à son existence.

Qui va lui permettre d'aller explorer en lui un terrain jusqu'ici laissé en friche.

Puis le moissonner.

Et le récolter.

Il suffit d'un livre, quelquefois. Un livre, ce n'est pas l'inverse de la vie. L'inverse de la vie, c'est le pouvoir. Un livre, c'est une porte sur la vie.

Prends n'importe quel condamné à mort. Si on l'amène à la culture, la violence disparaît.

La violence, c'est toujours un malentendu avec soi-même, une frustration, quelque chose qu'on n'arrive pas à exprimer. Si on arrive à donner une forme à cette expression, on se calme tout de suite. La culture adoucit. Il y a toujours un livre où on trouve non pas la Vérité, mais sa propre vérité.

La culture, c'est un Ailleurs qui n'en finit jamais. C'est comme l'histoire d'Abraham qui s'allonge pour compter les étoiles, ça n'en finit jamais.

Il y a ce très beau film avec Burt Lancaster, *Le Prisonnier d'Alcatraz*. L'histoire d'un condamné à perpétuité qui trouve un oiseau blessé dans la cour de la prison. Il le soigne, l'apprivoise, devient peu à peu un brillant ornithologue. Cet oiseau lui a fait découvrir son Ailleurs.

Alors tu peux trouver tous les mensonges intérieurs que tu veux pour ne pas passer le pas. Tous les alibis. Mais, où que tu sois, quelle que soit ta condition, il ne faut pas avoir peur de vivre.

Ni d'aimer.

C'est la même chose.

Il y a quelques espèces qui migrent.
Les oiseaux, les tortues, les baleines.
Mais ce sont des migrations saisonnières.
Le parcours est toujours le même.
Elles vont d'un climat à un autre.
Ce qui caractérise l'homme, c'est sa curiosité.
Lorsqu'il quitte le continent africain, l'*Homo sapiens* n'a aucune raison particulière de le faire.
Ce n'est pas lié au climat, à son alimentation, à sa reproduction.
C'est simplement une formidable envie d'Ailleurs.
Une nécessité.
Et une incroyable faculté d'adaptation.
Comme cet ancêtre lointain, pour trouver son Ailleurs, il faut commencer par se libérer de son origine.
Sortir au plus vite de cette saloperie qui trop souvent nous retient et nous encombre.

Ne pas rester français, allemand ou anglais, mais devenir humain.

Et pour faire partie de cette famille immense et généreuse, l'humanité, il faut d'abord rompre avec toutes celles qui nous tiennent prisonniers : notre famille, nos amis, nos collègues, nos voisins, notre pays.

Décoller toutes les étiquettes.

Il n'y a pas que le cordon de la mère qui est à couper. Mais tous les cordons qui nous retiennent.

Il faut s'en libérer, désapprendre d'où on vient.

Ne plus avoir de repères, ni même de remères.

Se détacher et aller voir comment on vit dans ce vaste monde, la seule chose à laquelle on appartienne vraiment.

Il y a tant de belles choses à embrasser, partout.

Aller ailleurs, c'est la seule liberté.

Alors oui, c'est parfois difficile de s'échapper.

Dans la tête de certaines personnes, c'est un peu comme dans certaines religions, où il y a des tabous. Mais personne n'est jamais mort d'une violation de tabous ! Au contraire, c'est même la seule chose qui peut nous rendre à nouveau vivants : briser tous tes tabous.

À commencer par sa propre nationalité. Si tu penses que tu es français avant tout, tu n'es déjà plus dans l'être, ni même dans la volonté d'être, mais dans une espèce de paraître idiot et dangereux.

Ton corps n'est absolument pas lié à l'endroit d'où tu viens. Ça, c'est de l'idéologie nazie. Si tu commences à croire à ça, on finit par te mesurer le nez.

Le sol français, ça n'existe pas, c'est le sol du monde.

L'humain, ça va bien au-delà de toutes les nationalités.

Au-delà de toutes leurs putains de races.

L'humain, on ne doit pas le réduire, l'assigner à une résidence. Sinon, il a vite fait d'en crever.

Ce qui le soigne, c'est toujours d'aller voir ailleurs.

La sexualité, c'est un autre Ailleurs.
Un Ailleurs faramineux.
Mais lourd à débattre.
C'est un continent qu'on ne connaît pas.
Freud a peut-être ouvert une porte, mais ce qui se cache derrière est infini.
Ça reste un tabou véritable.
Même pour soi.
Si tout le monde le vit, personne n'en parle jamais véritablement.
Personne ne dit la vérité sur sa propre sexualité.
On ne sait même pas si on la connaît, cette vérité.
C'est un mystère que les religions et leurs interdits ont tué dans l'œuf.
Un Ailleurs qu'elles ont passablement torturé.
Et c'est vrai que c'est quelque chose qui peut pourrir l'homme en même temps qu'il le grandit.

On n'en est jamais libéré.

Là aussi, le pire, c'est quand ça devient quelque chose d'intellectuel.

Un casse-tête.

Sur ce point, comme sur tous les autres, je préfère rester un animal.

Je pense parfois à l'incroyable désir d'Ailleurs de Christophe Colomb.

Cet homme, dont on ne sait pas s'il était juif, espagnol, crétois ou italien, que personne ne connaissait, et qui a un jour eu l'audace d'aller voir Isabelle la Catholique pour la convaincre de lui faire ouvrir les coffres du trésor, juste pour satisfaire ce désir d'Ailleurs.

Et traverser les océans.

À l'époque, tous les marins croyaient que, de l'autre côté des mers, ils allaient trouver des monstres.

Faut quand même se rendre compte de la grandeur de ce désir !

De la force irrésistible qui le pousse vers des terres inconnues, peut-être vers des atrocités.

Faut le faire, il faut un sacré courage pour y aller !

Isabelle la Catholique, qui était une fervente de religion, a cédé devant la force d'âme de cet homme hors du commun. Il a dû lui apparaître comme un saint. Et c'est vrai qu'il y avait du mystique chez lui. Et pourtant, rien n'était évident. Il n'a jamais été un homme de pouvoir, il a été tout sauf ça. Il suffit de lire ses lettres, le doute le ronge en permanence, il n'est jamais sûr de rien, mais il va au-delà. Envers et contre lui. Il est habité par un souffle, une vibration incessante.

La vie ne pouvait que lui donner raison.

Quand il a vu la terre, à l'autre bout, que la brume s'est déchirée et que les premiers arbres sont apparus, il a dû être habité par un bain d'amour.

Un peu comme un enfant qui sort du ventre de sa mère.

Ou comme un homme qui voit Dieu.

Ça faisait quatorze ans qu'il attendait ça.

Je n'aime pas
ce que je vois ici

La France est vieille. Très vieille. Elle pourrait profiter des leçons de son ancien temps. Mais non. La France est vieille et se veut jeune, c'est terrible. Elle a beau vouloir le masquer, elle est pleine d'arthrite, cette France.

Je ne vois plus ici que des gens qui ont dans les mains des livres de développement personnel, qui me disent qu'il faut penser positif.

Et quand j'allume la radio, je n'entends plus que des émissions sur la dépression, sur les médicaments, les molécules. Ces molécules qui aujourd'hui sont fabriquées en Chine et en Inde et qui bien souvent te bousillent les hormones. Qui te tuent parfois, même, tant on néglige les effets des interactions médicamenteuses, qui peuvent être de véritables bombes.

Tout ça pour supporter ta vie.

Ici, en France.

J'aime bien les pharmacies.

Tu y vois l'état d'un pays, ses maladies, ses ordonnances, la façon dont il vit.

Le temps qui lui reste.

Le mal qui abîme la France y est évident. Et il est partout.

Où qu'il se pose, mon regard ici est maltraité.

La France a des régions superbes, mais toutes les portes y sont fermées.

Dans les campagnes, il n'y a plus de commerces, il y a de moins en moins de cafés. Le soir, c'est le noir absolu. Il n'y a plus personne nulle part. C'est terrifiant.

Les gens n'ont plus de joie. Il devient très difficile de trouver un vrai regard. Sauf peut-être chez quelques fous. Et quand je passe trop de temps ici, c'est un peu comme si je passais trop de temps dans un asile. Au bout d'un moment, je n'en peux plus, je suis fatigué, brouillé, je n'ai qu'une envie, celle d'être ailleurs.

Dans un de ces pays désertiques ou montagneux par exemple, où tu entends encore des sons bibliques, ou dans un de ces pays musulmans où tu as sans cesse le bruit de la vie, des gamins qui rient au loin, du boulanger qui arrive avec son âne et sa charrette, des gens qui parlent, qui rient ou qui s'engueulent, qui jouent aux cartes sur le trottoir, le bruit de la prière.

En France, qu'est-ce que tu entends le soir dans les rues ?

Rien.

Silence.

De mort.

Quand je reviens de Russie, d'Algérie, d'Éthiopie, d'Ouzbékistan, j'ai l'impression qu'en mon absence une bombe a explosé.

Je suis stupéfait par le vide qui règne.

Dans les rues, dans les regards, dans les esprits.

Par ce silence inquiétant.

Je n'ai jamais vu un pays où les gens s'arrêtaient si peu dans la rue pour se parler. Ils courent d'un endroit à un autre et rentrent bien vite chez eux.

J'évite même maintenant de demander à ceux que je croise à Paris comment ils vont. Parce que la plupart du temps, ça ne va pas du tout.

Il y en a pourtant, des pays où il y a encore une énergie incroyable, des villes comme Téhéran, Novossibirsk en Sibérie, Omsk. On ne s'en rend pas compte ici.

Il nous reste quoi ?

Peut-être les marchés. Là, tu as encore un reste de vie, des gens qui parlent, qui boivent un coup, qui discutent des produits, un peu de générosité.

Mais pour le reste…

La France est cassée.

Les gens y sont tristes.

On sent qu'ils ont peur de tout, qu'ils ne font que se débattre.

Certains deviennent haineux.

Je n'aime pas ce que je vois ici.

Très vite, je me sens comme une plante dans une eau néfaste pour elle.

Je ne supporte pas ce manque d'amour, partout.

Je sens trop de mensonges, de bourrage de crâne.

Une chape de plomb partout, qui rapetisse les cerveaux.

Quand j'entends que dans les manifestations on crie : « Suicidez-vous, suicidez-vous ! »… aucun animal n'a de grognement aussi violent, aussi désespéré.

Là, je préfère disparaître.

Disparaître sans violence.

Aller vers d'autres chaos dont, au moins, je ne comprends pas la langue.

Aller ailleurs.

Heureusement, quelques jolies fleurs peuvent encore pousser sur le fumier de cette dépression française.

Je pense à Michel Houellebecq, à son dernier roman, *Sérotonine*.

Lui, Houellebecq, c'est un dandy. Un dandy magnifique, un peu comme l'était Serge Gainsbourg, avec sa perception particulière des choses, cette grande poésie, ce côté Juif errant qui chez lui était sublime.

Pour moi, aujourd'hui, Houellebecq, c'est le seul.

Tous les écrivains français paraissent ampoulés auprès de lui.

Lui est vraiment très intéressant.

La France d'aujourd'hui, on la retrouve chez lui. C'est elle qui lui donne le *la*.

Sérotonine, ça ne pourrait pas être écrit dans une autre langue.

Et dans ce livre, il y a toute l'honnêteté de la dépression.

J'ai passé quelques semaines avec Houellebecq, je l'ai vu amoureux, je l'ai vu pervers, je l'ai vu manipulateur, je l'ai vu insupportable, je l'ai vu engoncé, mais je l'ai toujours vu honnête.

Jamais il ne se ment.

Sinon tu ne peux pas écrire ce qu'il écrit.

Certains le trouvent scandaleux, mais peut-être faut-il l'être pour rétablir un peu l'équilibre de ce pays souvent scandaleux.

Lorsqu'il fait une émission de télé, on voit tout de suite une pensée.

Ce n'est pas son image qu'il vend, non, il te met tout de suite dans la gueule la solitude d'un écrivain. En direct.

Plein cadre.

Marguerite Duras aussi avait ça. Elle avait cette honnêteté-là. Elle aussi, sa seule question était de savoir comment arriver à trouver la vérité de ce qu'elle avait vécu. À sortir ce qu'elle avait dans le coffre. Sous une forme ou sous une autre, il fallait que ça sorte, et même si c'était l'imagination qui prenait la place du souvenir, peu importe, c'était honnête du début à la fin.

Là aussi, c'était vivant et bourré de talent.

Ça manque.

Ce n'est pas cette politique française qui va changer quelque chose.

Cette politique qui, comme toutes les politiques, n'est rien d'autre que de la haine.

Ce n'est même plus de la politique maintenant, ce ne sont plus que des attitudes. Il suffit de regarder ces gens qui nous gouvernent ou veulent nous gouverner. Ce n'est même pas la peine de mettre le son. Leur apparence suffit à comprendre ce qu'ils essaient de te fourguer.

Ils ressemblent tous à des présentateurs de télé, ils n'ont plus de ventre, on sait même pas s'ils chient encore. Ce sont juste des costumes, même pas, des porte-manteaux. Des bureaucrates, tous les mêmes. Comme les sénateurs romains. Les excès en moins.

Eux ne sont pas du tout ailleurs, hélas !

Ils sont là, et bel et bien là.

Même quand ils voyagent, ils ne voyagent pas. Ils sont dans leur habitacle, dans leur bulle, avec leurs dossiers, leurs conseillers.

Que tu sois haut fonctionnaire ou dictateur, c'est la même chose.

Tous les pouvoirs te privent d'Ailleurs.

Tu restes là, avec des gens comme toi.

Entre mêmes.

Très vite tu étouffes. Sans même t'en rendre compte.

Il y a bien sûr quelques exceptions.

Jacques Chirac, par exemple, lui, on sentait qu'il avait une prise sur la vie, qui lui donnait une véritable énergie. Il aimait boire, bouffer, s'attarder, il avait une vraie culture de la rencontre, de l'autre, de l'humain. Il avait des arrière-plans, ce n'était pas qu'une image de plus. Lui savait ce que c'était que l'Ailleurs. Poutine dit que c'est l'homme le plus intéressant qu'il ait rencontré. Aussi bien du point de vue humain que politique. Il y a beaucoup de Russes qui l'aimaient, Chirac. Et je les comprends.

Moi aussi, je l'ai toujours bien aimé.

Il m'a appelé au moment où il était au plus bas dans les sondages, en 1995, parce qu'il avait beaucoup de mal à s'exprimer à la télévision. Je voyais ce qu'il voulait dire, moi qui longtemps ai été gêné par les mots. Je lui ai conseillé de lâcher direct le morceau, de commencer ses émissions par dire qu'il avait du mal à parler devant une caméra, qu'il pouvait pour cette raison paraître sec, antipathique, puis d'enchaîner immédiatement avec ce qu'il avait à dire.

C'est comme pour toutes les gênes, faut tout de suite faire sauter le bouchon ! Et surtout ne jamais craindre le jugement sur quelque chose qui fait partie de nous.

C'est quand même lui, Chirac, qui a refusé d'aller faire la guerre en Irak avec les Américains. Il leur a dit merde de façon claire, nette et précise. Rien à voir avec toutes ces circonvolutions que font aujourd'hui nos politiques.

Non, ceux qui sont là maintenant, franchement, c'est pas ma boutique. Moi, j'ai pas envie de partager avec ces copains-là.

Et c'est la même chose pour ces journalistes qui ne t'apprennent plus à penser, mais te disent ce qu'il faut penser. Il est bien loin, le temps de Kessel.

Tous ces gens, c'est vraiment la politique.

Et, à quelques exceptions près, la politique, dans la balance, ça a toujours été plus vers le bas que vers le haut.

Parce qu'un politique ne peut faire par nature qu'un acte politique, jamais un acte d'amour.

C'est la raison pour laquelle en retour ils n'auront jamais d'amour.

Qu'on ne vienne surtout pas me parler des écolos.

Eux, ce sont les plus redoutables.

Ces mecs qui se donnent le beau rôle.

« On s'occupe de vous ! »

Il n'y a rien de pire.

C'est : « Faites pas ci, faites pas ça ! »

Déjà ils regardent ta salade, ce que tu bouffes, bientôt ils vont regarder nos merdes.

Eux sont vraiment des gens dangereux, des juges, avec cette façon de montrer du doigt.

De dire le bien et le mal.

D'avoir cette obsession trouble pour la pureté.

Ce sont des inquisiteurs, des ayatollahs, des Hitler du bien, les totalitaires de demain.

Ils me font penser à ces missionnaires qui, sous couvert de religion, partaient gangréner l'Afrique et l'Asie. La spiritualité a été pourrie par les missionnaires comme la prise de conscience écologique l'est par ses politiques.

Bien sûr, quand un oiseau vole au-dessus de la mer, s'il voit un bout de plastique, il doit se dire : « Ah, la terre est pas loin, j'arrive chez ces cons d'humains. »

Mais le respect de la nature, c'est comme la propreté du corps, ça doit être un réflexe. Les égards pour les choses qui te nourrissent et te font vivre, ça doit s'apprendre tôt. Et on n'a pas besoin des écolos pour ça.

Le seul vrai risque écologique pour moi, c'est le risque de voir les écolos arriver au pouvoir. Là, c'est vraiment le meilleur moyen d'aller vers la destruction de la planète.

Si ce mouvement ne sait pas se faire plus souple, plus flexible, il finira dans un totalitarisme terrifiant.

Je ne vais pas insister.

Balzac a déjà tout dit sur l'abjecte nature humaine des bien-pensants.

S'il y a une chose qui ne change pas, c'est bien ça.

On va finir par en crever de cette bien-pensance, qui, sous ses apparences, dissimule la pire des saloperies.

Mieux vaut regarder ailleurs.

La seule chose qui me redonne encore espoir en la France, ce sont les migrants.

Ces gens qui arrivent ici et qui font souffler un joli parfum d'ailleurs.

Eux sortent encore dans la rue, ils traînent, ils discutent, ils ont des tas de choses à nous offrir.

Si quelque chose peut la revitaliser, notre dépression nationale, ce sont bien ces autres cultures.

Elles seules peuvent nous permettre d'être multiples et riches de cet ailleurs.

Nous n'avons pas assez de désir pour eux, ils le sentent, et quand on n'est pas assez désiré, c'est la merde qui s'installe.

Pourtant, il faut aimer ce qui nous est étranger.

Et plus c'est étranger, plus il faut l'aimer.

C'est la seule façon d'avancer.

Sinon, on pourrit sur place.

Je ne comprendrai jamais pourquoi les jeunes Français apprennent cet anglais désincarné dans les écoles, plutôt que les langues d'une beauté folle des communautés qui partagent la vie de leur pays.

Mais bon, on préfère sûrement les voir parler anglais seuls chez eux à leur écran, à une machine sans âme qui essaie de leur vendre quelque chose, plutôt que de les voir parler l'arabe ou le tamoul avec leur voisin dans la rue.

Il n'y a pourtant pas d'autre solution que le partage.

Ça fait peur, oui, quand tu n'es *que* français, mais c'est magnifique quand tu comprends que tu fais partie, avant tout, de cette grande aventure humaine, qui n'a rien à foutre des races ni des frontières.

L'identité française, je m'en fous. Je n'aime pas les identités, ça me fait trop penser aux papiers d'identité.

On voudrait que je m'agenouille chaque jour devant la photo d'un poilu avec son fusil de bois et ses idées arrêtées, pour me sentir français ?

Français, c'est trop limité. Avant d'être né en France, je suis né dans la survie des aiguilles. Cela aurait pu tout aussi bien se passer en Inde, en Russie, en Algérie, peu importe.

Je ne suis pas un Français, je suis un survivant. Et ce qui est intéressant dans ce mot, c'est « vivant ».

La voilà, ma seule identité, c'est d'être vivant, et non pas vivant français !

Avec toutes leurs histoires de nationalités, de races, les hommes fabriquent leurs propres différences. Ça devrait être l'inverse. Seules les différences peuvent fabriquer une humanité.

Plus que tout le monde, les jeunes ont besoin d'un Ailleurs.

C'est une tendance naturelle chez eux.

Trouver un Ailleurs malgré leurs parents, malgré leur société, malgré les politiques.

Avant, ils se posaient moins de questions.

La plupart faisaient le métier de leur père ou de leur mère.

Quand je suis né, rien n'avait bougé depuis des siècles. Dans les campagnes autour de Châteauroux, on entendait les mêmes borborygmes qu'au Moyen Âge. Les paysans travaillaient la terre de la même façon. Les enfants faisaient comme les parents. L'artisanat, le travail de la matière étaient nobles. Il y avait aussi pas mal de gamins autour de moi qui prenaient des cours de sténodactylo. C'était il n'y a pas si longtemps pourtant, maintenant on ne sait même plus ce que c'est. On a l'impression que c'est une autre époque, presque les tablettes des Égyptiens.

En soixante-dix ans, le monde a changé.
Totalement.
C'est un chamboulement total.
Les parents ne comprennent même plus les métiers que peuvent faire les enfants, en quoi peut consister leur vie, ils sont complètement largués.
Il y a autant de métiers qui apparaissent que de métiers qui disparaissent.
Et, bien souvent, ce sont les machines qui ont pris le pouvoir, qui font tout. Pour réparer une voiture, couper du bois, ce sont les ordinateurs qui font le boulot maintenant. On peut opérer quelqu'un d'un continent à un autre.
Non seulement on perd le temps passé, les traditions, mais on ne peut même plus s'aventurer dans le temps futur, le prévoir, savoir de quoi nos vies demain seront faites. Qui il y a seulement vingt ans aurait prévu les réseaux sociaux ? L'importance des *followers* ?
On ne sait plus rien.
À part que le monde dans lequel on sera adulte n'aura rien à voir avec le monde que l'on a connu enfant.
Je vois de plus en plus de jeunes ici qui cherchent un Ailleurs, ils ne savent pas lequel,

la seule chose qu'ils savent, c'est que, là où ils sont, ce n'est pas ce qu'ils souhaitent.

Plus qu'un emploi, ils cherchent un autre horizon.

Ils ont compris que ces putains de machines soi-disant intelligentes nous font régresser au lieu de nous faire avancer. Elles nous bloquent à un résultat donné, à un chiffre. Elles sont cons comme une date. C'est un monde certainement énorme qui s'ouvre, mais il est abstrait. Les gamins sentent bien que ce n'est pas ça qui va leur faire une réalité. Ils n'ont pas envie de passer leur vie à regarder un écran. Ils ont envie de revenir vers la matière. Ils sentent qu'il est là, leur Ailleurs. Qu'il leur faut revenir vers des lieux où ils peuvent renouer avec des sons humains, sans être saturés par les bruits de la mécanique, de la technique.

Quitter le nuage.

Ce nuage qui rend fou.

Ils en ont marre de comprendre, ils savent que c'est ce qui les fait vieillir, ils veulent continuer à sentir, rester sensibles, trouver d'autres sensations, aller vers d'autres intelligences, d'autres cultures.

Sans pour autant vouloir posséder ces cultures, comme des évangélistes ou des colons, mais en voulant les respirer.

Beaucoup quittent la France.

C'est certainement ce qu'ils ont de mieux à faire.

La tête baissée

Ce qui menace le plus notre Ailleurs, c'est ce qu'une partie du monde est en train de devenir.

Celle qui a le regard tourné vers les machines.

On n'a rien vu venir, et en quelques années ce sont des millions de cerveaux qui ont été envahis par ce virus. La Silicon Valley nous a colonisés. Nous sommes maqués par cinq mecs, Zuckerberg, Bezos et les autres, qui gagnent chaque jour du terrain, qui déjà nous prennent notre temps, bientôt notre corps, et qui nous lavent le cerveau.

Toutes ces foules derrière leurs écrans sont comme ces foules dans les stades éthiopiens, hypnotisées par les prêches qui leur enlèvent tout.

Là, avec ces machines de la Silicon Valley, c'est l'autre religion de l'Amérique, sa vraie religion plutôt, qui est en train de s'imposer, celle du dieu Dollar.

Avec cet Internet, ces nouvelles façons de vivre, ou plutôt de ne pas vivre, et tout ce que nous vendent ces apprentis sorciers, le monde occidental est en train de devenir un vaste centre commercial, un marché du tout. Du rien, surtout.

Nous sommes, un peu malgré nous, devenus des consommateurs.

Des consommateurs hébétés.

De nouveaux Indiens.

Et aujourd'hui, ce dieu Dollar est en train de nous conduire vers une nouvelle guerre de religion.

Moi, la seule machine qui m'encombre, c'est mon téléphone.

C'est un Huawei, je l'ai choisi car je ne veux plus rien donner au dieu Dollar, je sais qu'avec lui on est toujours planté quelque part.

Huawei, c'est un autre dieu.

De celui-là, les Américains n'en veulent pas.

C'est un dieu concurrent.

Eux préfèrent le dieu Apple.

Tout cela est infernal.

Cette idéologie est infernale.

Ce capitalisme est infernal.

Devant ce nouvel envahisseur, les gens ont pris l'habitude de baisser le regard.

Avant, ils levaient la tête pour regarder le ciel, compter les étoiles.

Ou la tenaient droite pour regarder l'horizon.

Aujourd'hui, ils ont la tête baissée.

Leur seul horizon, c'est leur écran.

La tête baissée devant l'envahisseur.

On prend vite le pli.

Dans la rue, dans les cafés, chez soi, dans son lit, aujourd'hui tout le monde est devant un écran.

Il est l'objet de tous les regards.

Et il n'en reste plus guère pour le monde alentour. Ce monde qui pour la plupart des gens disparaît peu à peu, emportant avec lui la matière et l'âme.

Comment veux-tu que la vie s'y retrouve ?

Ces écrans, ce n'est même pas une barrière que l'on met entre le monde et soi. Une barrière, on pourrait sauter par-dessus. Non, c'est un processus qui gomme, qui efface le monde réel.

Il y a vraiment quelque chose de terrible dans ces Gafa, une face sombre qui, sans que nous nous en rendions compte, est en train de faire des dégâts énormes dans nos existences.

Dans *Homo Deus*, Yuval Noah Harari note que l'intelligence artificielle est en train de gagner sur l'intelligence humaine, que bientôt l'homme ne sera plus qu'un ensemble de données abstraites dans un monde virtuel.

Qui peut croire que l'intelligence artificielle va tout remplacer ? L'attention au détail de Balzac, le ressenti de Simenon, l'imprégnation de Houellebecq, qui sont presque des méditations.

Et pourtant. Au fur et à mesure que les machines avancent, les gens sont de moins en moins dans le monde réel. Ils passent l'essentiel de leur temps dans cette chose qui peu à peu remplace le monde.

Ils *sont* mais ils n'existent plus vraiment.
Aveugles et sourds aux choses.
Les sens anesthésiés.
Muets.

Tout juste bons à pomper de l'oxygène, et encore ils en manquent.

Et plus la technologie est sophistiquée, plus l'homme redevient primaire.

Ces machines empêchent de plus en plus une véritable respiration humaine entre les gens.

Elles amputent leur vie de leurs racines vivantes.

Bientôt, ces racines, elles n'auront même plus aucune terre où prendre. Et le monde réel disparaîtra quand partout le virtuel l'aura remplacé.

Il n'aura plus lieu d'*être*.

Déjà, il est comme un vieil arbre malade, très malade. Parasité.

Et personne n'a encore la médecine de cette maladie nouvelle.

Nous n'avons pas les antivirus.

On est seuls avec cette chose, cette chose qui nous abîme. Ce crabe qui nous ronge l'âme et le corps et dont nous n'avons même aucune idée.

À la place de notre monde, on a là ce grand réseau, comme une dépression quotidienne.

Une sécheresse.

L'inverse de cet Ailleurs, qui lui nous éveille et nous nourrit.

Les gens ne peuvent déjà plus sortir de leur écran parce que, au-delà, c'est le vertige. Ils ne peuvent faire que quelques pas, puis c'est le vide.

La matière a déjà disparu, il ne reste que ce vide immense qui menace de les engloutir.

C'est ce néant qui vient que je ressens ici, qui m'accable et qui fait que, moi aussi, dans cet occident, je me sens souvent vide, sans matière.

Et j'ai parfois peur que l'amour qui reste ne suffise pas.

Avec le monde, c'est aussi le temps qui disparaît.

À commencer par le présent.

Je le vois bien avec tous ces gens qui, plutôt que de vivre une chose, préfèrent la prendre en photo. C'est comme si, avec ces appareils, ils voulaient doubler leur présent. Mais en le doublant, ils l'annulent.

L'instant n'est pas fait pour être capturé, mais pour être vécu.

C'est notre seule éternité, et on n'atteint pas l'éternité avec un clic.

À partir du moment où il passe à travers un écran, le regard est perdu.

On nous dit aujourd'hui que tout est en temps réel, mais il n'a plus rien de réel, ce temps qu'on nous impose.

C'est autre chose, qui annule et remplace la réalité.

Ça ne fait que créer une confusion énorme.

On veut des informations, de la nouveauté, toujours plus et toujours plus vite.

On ne marche plus que par excitation.

Pour tuer le temps.

Le peu de temps personnel qui nous reste.

Alors on nous dit que cette époque est formidable, que l'on peut avoir accès à tout, aller partout. Que tout est à disposition.

Oui, sauf qu'en nous donnant soi-disant tout, on nous confisque au même moment le temps nécessaire pour y aller.

C'est presque un supplice.

D'une main je vous donne le monde, de l'autre je vous le vole.

Plus ça va, plus j'ai l'impression que l'on rentre en science-fiction.

Aujourd'hui, on a dépassé Kafka, on a dépassé Orwell. Kafka, c'était l'administration. Orwell, c'était le nazisme. On est passé au-delà de tout ça. Les nazis pensaient encore qu'il y avait des gens différents, même si c'était pour massacrer ceux qui ne leur ressemblaient pas.

Maintenant, tout est fait pour que tout le monde se ressemble.

Fasse les mêmes choses.

Aie envie des mêmes choses.

On nous ampute de notre langue, de nos traditions, de nos cultures, de notre histoire.

Que ce soit en Amérique ou en Europe, on a de plus en plus affaire à la même personne. Une sorte de boîte vocale. Sans odeur, sans saveur.

Et il faut bien souvent aller loin, là où les Occidentaux ne vont plus, pour les rencontrer, les gens qui transpirent encore leur histoire et leur culture.

Notre histoire à nous, on ne la raconte plus guère. Ou alors on la fait mentir. Et c'est un mensonge qui insiste.

Il y a moins d'informations que de propagande.

On nous dit le bien, on nous dit le mal. Mais rarement on nous dit le vrai.

C'est une idéologie.

Et en tant que telle, ça va contre l'humain, ça le fragilise.

Ça l'emmène vers des peurs.

Ça le prive d'Ailleurs.

C'est une espèce de chantage énorme.

Une peur du lendemain qui s'installe, partout.

Et, en effet, je ne vois plus beaucoup de sérénité ici.

Ou elle est de plus en plus mince.

La spiritualité existe de moins en moins.

L'art existe de moins en moins.

Comment aller contre ça ?

Les gens sont perdus.

J'en vois qui en deux ans ont pris vingt ans.

Ils n'ont plus le temps d'aimer, car il faut du temps pour ça.

Oui, on abolit le temps de l'amour, de l'amour des autres, de l'amour des choses et de la nature, ce temps de l'amour où tout peut arriver.

Ce temps scandaleux pour l'idéologie, parce que gratuit.

Gratuit comme la joie et le bonheur.

Scandaleux parce qu'il ne rapporte rien.

Alors qu'il apporte tout.

Prends ces *fake news*, par exemple, ou plutôt ces *fuck news*, qui déboulent de partout.

Et qui sont aussi dangereuses du fait du *fake* que de la *news*.

Quand on voit comment c'est fait, cette information, à quelle allure, c'est vraiment comme une merde qui tombe. Tu tires la chasse et c'est fini, tu n'en parles plus le lendemain.

C'est vraiment la pire des façons de détendre ton ennui. Mais ça t'a fait ta matinée. Tu n'as eu aucune sensation, mais du sensationnel. Tu n'as pas eu l'impression d'être immobile.

Et pourtant, comment veux-tu ne pas rester immobile, quand tu es en permanence bombardé de mauvaises nouvelles ?

Que tu te prends chaque jour le pire de tout dans la gueule ?

En temps réel, là aussi.

Et à longueur de temps.

Cette chose qui t'informe de tous les malheurs du monde est comme une greffe malsaine que ton corps n'arrive plus à rejeter.

Le monde était sûrement pire encore dans les siècles précédents. Des massacres, du malheur, il y en avait partout, et bien plus qu'aujourd'hui. Mais c'étaient des atrocités humaines.

Aucune technique ne venait te bousiller le système nerveux toute la journée avec ça.

Aujourd'hui, une horreur chasse l'autre.

Notre esprit vit dans la tragédie perpétuelle.

On nous formate à la tragédie.

À la fin, on n'ose plus bouger.

C'est la peur et la stupeur.

C'est vraiment: «Tremblez, on s'occupe du reste!»

C'est ça, la seule vraie tragédie.

Ne plus oser bouger. Ne plus pouvoir bouger.

Ne plus aller voir. Ne plus avoir le moindre recul.

Tout prendre pour argent comptant.

Ce Wikipédia, par exemple, où en appuyant sur un simple bouton on a le générique de tout, et où tout est absolument faux. Faux parce que rien n'est vécu par les gens qui le font, ni par ceux qui le lisent. On ne peut s'y faire aucune idée réelle des choses parce que c'est sans incarnation. Sans aucune pulpe, sans aucune chair. Si on n'y va pas vraiment, de tout son être, respirer les choses et porter un vrai regard sur elles, ce n'est pas avec ce Wikipédia stupide qu'on va les connaître !

C'est comme un faux tableau. Une copie de copie. Une fausse évidence.

Tu crois que je me serais approché comme ça de saint Augustin avec Wikipédia ? Non, il m'a fallu une rencontre, un homme, André Mandouze, avec sa respiration, son souffle et sa passion.

Cette société ne nous permet plus d'avoir une initiation. Elle nous donne un outil, mais ce n'est pas le bon. Tu vas pas commencer à faire un potager avec une pioche ! Tu le feras, oui, mais c'est pas la même chose qu'avec une bêche ou une pelle. Et le résultat ne peut pas être le même.

Non, ce n'est pas ce vide en temps réel qui va remplir notre vide intérieur. Au contraire, c'est davantage de vide encore, et c'est tout.

Alors oui, c'est facile d'appuyer sur un bouton, mais c'est vain.

Facile et vain : l'inverse de la nature.

Il n'y a rien derrière tout ça.

Aucun vécu.

C'est à peine de l'éphémère.

C'est rien.

Va trouver une sagesse avec ça !

Tout ça est un peu déprimant, mais que veux-tu, c'est l'état du monde.

Et moi, franchement, quand je vois ce monde idiot, trop bavard, je préfère fermer les écoutes et courir écouter des langues que je ne comprends pas.

Écouter des oiseaux dont ici on n'entend même plus le chant.

Vite courir ailleurs.

À l'époque de van Vogt, de K. Dick, de Bradbury, la science-fiction était très intéressante.

Ces écrivains avaient des connaissances dans tous les domaines, en botanique, en science, en philosophie, en spiritualité. Ils nous proposaient des synthèses qui vraiment nous éveillaient. Là, les vaisseaux décollaient vraiment. On était loin de ces Marvel qui ne sont qu'une vulgarisation idiote de ces univers.

Il y a ainsi une très courte nouvelle d'Arthur C. Clarke, l'auteur de *2001, l'Odyssée de l'espace*, écrite en 1953.

Les Neuf Milliards de noms de Dieu.

L'histoire de moines tibétains, qui depuis des siècles s'emploient à écrire tous les noms possibles de Dieu, persuadés que l'homme a été créé pour dresser cette liste, et qu'une fois le travail achevé Dieu inaugurera une nouvelle ère pour l'humanité.

À la vitesse à laquelle ils vont, il faudra environ quinze mille ans à ces moines pour achever leur tâche.

Pour aller plus vite et s'éviter un labeur, ils décident d'aller en Amérique pour acheter un ordinateur capable de faire le travail à leur place, en cent jours.

Deux informaticiens livrent la machine au monastère, la programment.

Puis, quelques heures avant que celle-ci arrive au bout de la fameuse liste de noms, nos deux hommes s'en vont de nuit dans les montagnes de l'Himalaya, certains qu'il ne se passera rien.

Là, l'un des deux lève la tête et il voit dans le ciel les étoiles s'éteindre les unes après les autres.

Le monde de ces machines, je ne le vis pas.

Je sens qu'il m'atteint, comme il nous atteint tous, c'est pourquoi je l'évite comme la peste.

Je ne sais me servir de rien, je sais juste couper les sonneries.

Appuyer sur arrêt.

Quand on éteint tout ça, tout de suite on se rend compte qu'on vit mieux. On est à nouveau disponible.

Heureusement, le monde est vaste. Sans autres limites que celles que l'on se donne.

Et il y a encore de nombreuses terres où l'on ne néglige pas ce que l'on porte de plus grand en soi : la vie.

Loin de ces machines sans nuances ni fragilités.

Quand je quitte l'Europe pour aller en Afrique, dans le monde arabe, au cœur de la Sibérie, en un instant j'ai l'impression de passer du crépuscule à l'aurore.

De changer de monde.

Pas d'infos, pas de réseau, une langue que je ne comprends pas, juste des humains, une gestuelle, ce qui se passe dans un regard.

Il suffit d'un visage, et c'est déjà l'Ailleurs.

Là, la matière parle encore, il y a des gens qui vivent, qui sont dehors, qui respirent, qui vivent la rencontre, la nature.

Cette nature-là, qui n'existe plus guère ici, je l'aime. Je l'aime physiquement.

Ce qui sort d'elle, la façon dont elle travaille et dont on la travaille, la façon dont elle est rythmée par les saisons et le temps qui passe.

J'aime me lever avec le soleil et me coucher avec lui.

L'Ailleurs, c'est aussi ces choses, qui sont là depuis toujours.

Le rythme des saisons, l'animal, la matière.

Tout ce qu'on est en train de perdre ici.

Cette simplicité.

Et je serai toujours davantage ému et concerné par la trace d'une main préhistorique sur le mur d'une grotte que par tous les WhatsApp du monde.

La porte ouverte

Aujourd'hui, je suis à Dubaï.

C'est le ramadan.

En face de moi, je vois des gens dresser des tentes pour la soirée. Ils préparent des tables, de la nourriture, toutes sortes de mises en joie. Ils s'apprêtent à recevoir, à partager.

J'aime beaucoup ce moment de l'année. Ce jeûne vécu et rompu ensemble, qui resserre la communauté, est un véritable moment de fête.

Et il y a l'aumône, la *zakat el fitr*, tu dois donner à tous ceux qui sont dans le besoin, afin qu'ils puissent eux aussi rompre le jeûne.

Tout ça, ce sont des générosités.

Mais aussi et surtout un rendez-vous avec soi-même.

Comme une méditation.

L'islam est très attentif au corps. Il y a non seulement le ramadan, mais cette prière où on doit se baisser cinq fois par jour. Que tu aies dix-huit ou quatre-vingt-dix ans, c'est la même chose, tous les jours, tu te baisses, tu te mets à genoux, tu te lèves. C'est une des forces de l'islam.

Une force simple.

Une énergie de répétition.

De la même façon que leurs chants. Ces sourates que l'on entend une semaine avant le ramadan. Leurs intonations impriment un rythme, c'est déjà une énergie que l'on te donne, une vibration, une préparation. Une mise en condition. Elles t'amènent à une écoute différente, à une ouverture, qui t'aide à entrer dans la phase de jeûne.

Bien sûr, les débuts sont difficiles. L'euphorie n'est pas immédiate.

Je vois beaucoup de musulmans qui ne vivent que dans l'attente du coucher du soleil, du moment où ils vont casser le jeûne. Toute la journée, ils n'attendent que ça, l'instant où ils vont se jeter sur la nourriture. Dans leur esprit, il n'y a plus que cette attente, une attente désagréable. Si ce n'est que ça, le ramadan ne leur sert à rien. Ils passent à côté de tous ses bienfaits. De toute l'énergie qu'il peut donner.

Si tu vis vraiment ton jeûne, religieusement, alors, quand arrive le soir, tu n'as pas besoin, ni même envie, de te vautrer sur la bouffe. Tu as passé la journée dans une espèce de méditation, tu es rechargé, ressourcé.

Quand je suis allé à Shaolin, c'était pour méditer, pas pour becqueter ! J'y étais pour retrouver cette énergie incroyable à laquelle te mène la méditation.

Les méditations durent quatre heures à Shaolin. Il faut commencer par se vider l'esprit. Au début, tu as encore toutes ces pensées parasites qui t'assaillent, toute la merde qui t'encombre au quotidien et dont tu n'as même pas conscience.

Puis peu à peu, ça commence à s'en aller, tu penses à tes jambes, à l'inconfort physique, tu regardes ceux qui sont autour de toi, et qui sont en méditation. Tu vois tous ces visages moyenâgeux, tu réalises que tu es en train de prendre part à quelque chose qui existe depuis la nuit des temps.

Tes pensées commencent peu à peu à te quitter, bientôt tu ne ressens plus que ton corps, tu ne te poses plus de questions, tu ne te demandes plus rien.

Tu inspires, tu expires.
Sans penser.

Tu n'es plus qu'un cœur qui bat.

Aussi disponible qu'un arbre, qu'un animal.

Tu renoues avec ce que tu es véritablement, c'est-à-dire un morceau de matière.

Et là, par la respiration, par son rythme, tu trouves le chemin qui va ressourcer cette matière en énergie.

Tu te reconnectes ainsi avec ces vibrations essentielles qui existent en toi avant même le langage.

Ces mêmes vibrations que l'on retrouve dans le rythme des sourates chantées ou dans le Om tibétain.

Il y a une connaissance qui vient de ces ondes, de leur rythme, une connaissance particulière, purifiée de toutes les pensées, et que l'on ne peut pas traduire avec des mots.

Quelque chose de primordial.

Une énergie.

Une étincelle divine, peut-être. Une monade.

Cela n'a rien à voir avec aucune des religions, même si c'est là la racine de toutes les religions. Cette écoute profonde de soi-même.

Bientôt, cette méditation devient comme une réminiscence. Un rappel.

Un rappel de choses qui sont au plus profond de notre être. Des choses toutes simples. Des choses que l'on ne peut pas apprendre, pour lesquelles il n'y a pas d'école.

Juste un ressenti.

Presque animal.

Un bien-être.

Une paix.

Qui toujours passe par le souffle.

Par une respiration qui s'approche de la prière.

Qui devient une prière.

Un retour à la vie dans ce qu'elle a de plus fondamental : une inspiration jusqu'à l'expiration.

Cette paix, c'est le véritable Ailleurs.

Celle qui arrête toutes les guerres que l'on a en soi.

C'est la plus grande des médecines.

Une médecine naturelle.

Cette façon de faire le propre. De se laver.

Pour *être*.

Tout simplement.

Quand tu entends « Agenouille-toi et tu croiras », ce n'est pas le fait de croire qui est le plus important, c'est le fait de s'agenouiller.

D'entrer en méditation, d'y rester et de durer.

Ce que tu es vraiment, ton physique, ta matière, tu ne peux pas les connaître, quand tu es sans cesse enseveli sous tes mots et tes pensées.

Quand on te dit que tu as un cancer, par exemple, il n'y a plus que ce mot qui existe, tu t'enfermes dans ce mot, avec autour un nuage de peurs et de questions, tu deviens cancer.

La pensée du cancer, le mot même de cancer deviennent ton unique horizon.

Il faut aller au-delà de ces mots stériles, de ces pensées inutiles.

Toutes tes douleurs, tout ce qui te fait mal, tu peux l'assouplir si tu sais communiquer avec ton corps.

Pour ça, il faut commencer par s'assouplir, par se détendre, par respirer.

C'est comme l'amour, ça commence toujours par un abandon.

Ce ne sont pas tes pensées qui vont résoudre quoi que ce soit, au contraire, c'est d'abord et toujours ton souffle.

Tes pensées ne peuvent que dilapider ton énergie.

Si l'on pense trop une chose, on oublie de la vivre.

La seule façon d'envoyer un message à ton corps, c'est par la respiration.

Là, quand tu accèdes à cet état de détente, de disponibilité, quand ton esprit ne fait plus barrière, tu peux visualiser l'endroit de ton corps qui te fait souffrir et, par le souffle, entrer en contact avec lui, communiquer avec lui, respirer à l'intérieur et assouplir n'importe quelle douleur.

Ce n'est pas un hasard si les parties du corps les plus difficiles à détendre sont celles qui ont à voir avec les mots, avec la parole. Ce sont en effet la langue, là où courent toutes les pensées, la cage thoracique et la glotte, qui amènent l'air permettant aux mots de se propulser, le palais, qui est comme un clavier sur lequel joue la voix.

D'où le Om tibétain, qui amène dans tous ces endroits une autre résonance, et qui te permet cette détente que tous ces mots et ces pensées viennent déranger.

Je pense qu'on peut tout faire avec son corps.

On a une souplesse naturelle, comme les animaux.

C'est toujours par le langage que l'on se raidit, par la pensée.

Quand enfin ceux-ci nous abandonnent, on est vraiment ailleurs.

Libres.

Bien plus que les mots, la musique, dans sa richesse infinie, est un Ailleurs universel.

C'est une vibration, une harmonie, un équilibre.

Une résonance.

Quand je chante, c'est exactement comme quand j'écoute quelqu'un parler. Je deviens sensible à la vibration, à la respiration, au souffle, jamais au sens des mots.

Ce qui m'intéresse, c'est la musique qui sort de l'autre et la manière dont elle va s'accorder avec la mienne.

Chaque musique du monde nous ouvre, par ses rythmes, ses percussions, une fenêtre sur ce monde particulier.

Après avoir entendu une musique iranienne, on comprend mieux les Iraniens, leur façon de respirer, d'être.

C'est un autre langage, un langage différent, pour accéder à soi et aux autres.

Une logique venue d'ailleurs qui traverse l'humain.

Il n'y a jamais de haine dans la musique.

L'harmonie est une chose extraordinaire qui nous permet d'ouvrir de nouveaux dialogues avec nous-mêmes, de toucher de nouvelles images, de nouvelles formes.

L'unisson d'une chorale dans une pièce de Prokofiev, par exemple, cent cœurs qui chantent ensemble, c'est une communion incroyable. Tout comme les chants grégoriens.

Je ne connais pas de plus belle façon d'être *ensemble* ailleurs.

J'ai toujours été très sensible à l'écoute du corps des autres.

La façon dont ils marchent, dont ils respirent, leur regard.

Le corps, c'est le visage de l'être profond.

C'est un monde.

Un langage. On peut tout y lire. Il ne ment jamais. Il est toujours d'une extrême honnêteté.

Mais à part dans les douleurs, la peur ou l'usure, on a peu d'égards pour le corps, peu de regards pour ses expressions.

On les ignore.

On reste prisonnier de cet esprit qui tombe dans tous les pièges, mais qui règne, qui imprime sa loi au corps.

Pour un acteur, le corps, c'est ce qu'il y a de plus important. Il faut laisser tomber le scénario, le corps parle bien plus et bien mieux que n'importe quelle réplique.

Au théâtre, quand j'avais des trous de mémoire, jamais je n'ai paniqué. Ils étaient même bénéfiques. Ils me permettaient de réapprivoiser le temps. De jouer avec. Ce qui était quand même plus intéressant que la réplique que j'avais oubliée.

Depuis le début, j'ai toujours été plus sensible dans un texte au rythme et à la respiration qu'au sens des mots. Quand j'étais jeune, j'apprenais toujours mes textes en faisant du vélo. Au rythme des coups de pédale, du corps, du souffle et de la respiration. Pour les vers à douze pieds, c'était parfait. Aujourd'hui, je joue avec une oreillette. C'est la même chose. La même façon de ne pas m'encombrer avec les mots. La même façon de ne pas penser mais d'être, tout simplement.

Bien souvent, on trouve que j'ai une façon de parler un peu confuse. C'est parce que j'ai le langage des émotions que je reçois, que mon corps m'envoie. De leur vérité. Et il n'y a rien d'organisé là-dedans.

Ce qui est très bien, car je déteste penser, j'aime ne pas savoir ce que je dis.

Parce que fondamentalement, ça n'a pas vraiment d'importance.

Un bon acteur, c'est quelqu'un qui ne pense pas, mais qui vit. Quelqu'un qui regarde l'autre et qui ne pense pas à la réplique qui va suivre.

Un bon acteur, c'est quelqu'un qui n'a pas peur.

La peur a une odeur. Ça pue, un acteur qui pense.

Non, la pensée et les mots ne sont pas le bon outil. À l'inverse de la matière, ils sont trop souvent menteurs.

Quand tu regardes la nature, il n'y a pas de discours, il n'y a qu'une expression.

Une expression qui ne ment pas.

Un arbre ne ment jamais, un oiseau n'essaie pas de te tromper.

Il n'y a rien de faux dans un pied de vigne.

Il n'y a pas de Tartuffe dans la nature.

Il n'y a que de la justesse et de l'honnêteté.

La paix réside vraiment là où les mots et la pensée s'arrêtent.

Et, bien plus qu'avec tous les discours, c'est seulement dans ces moments de paix que nous savons qui nous sommes.

L'analyse, c'est déjà un recul.

Ce qui compte, ce n'est pas de comprendre. Juste de se rendre disponible.

Il est là aussi, l'Ailleurs.

Quand on ne pense à rien.
Quand on se contente d'être.
D'être au présent.
Au moment où cette matière que nous sommes rencontre naturellement et simplement l'énergie de la vie.
Si vérité il y a, elle a lieu à cet instant.
Là, nous pouvons enfin être exacts.

Ce que j'aime chez les prophètes, c'est que ce sont des hommes en quête.

En quête d'une énergie qui leur permette de mieux appréhender la matière.

Ils ne parlent que de ça, finalement, les prophètes, de la vie, de l'énergie, de la matière.

De la façon dont, dans la vie, la matière et l'énergie sont liées.

Et de tout ce que cette union peut faire émaner de l'être.

Ce lien, c'est la grande question.

C'est ce qui m'intéresse, moi.

Non pas les religions, qui chacune prêche une idée d'une foi qui toutes les dépasse. Encore moins leurs liturgies, leurs politiques ou ces orgies accablantes que sont leurs institutions, ce Festival de Cannes de la religion.

Mais ce que vivent les prophètes quand ils vont chercher une vérité en eux ou au-delà d'eux.

Un secret qui a tout à voir avec la nature et avec la nature humaine.

Dieu, pour moi, c'est l'aventure cosmique.

C'est une connaissance primordiale qui a à voir avec le soleil, les étoiles, la lune, l'air, le ciel, le cosmos, la nature.

Le spirituel, c'est ce qui nous entoure.

C'est le bruit du vent dans les feuilles, le passage d'un souffle dans un corps, la façon dont il est libre ou entravé, c'est l'arbre, la nature, la matière humaine, tout ça, c'est la même chose.

C'est la vie.

La seule chose qui me passionne.

La foi, c'est une attention, un regard.

C'est s'oublier pour prêter l'oreille à ce qui nous entoure et qui parfois nous contredit.

La foi nous donne un chemin, un peu comme dans l'enfance, quand soudain on est tout seul, on se sent abandonné, on ne sait pas où sont nos parents, mais on s'en fout, on avance parce qu'on n'a plus peur.

C'est cette foi qui seule peut nous conduire hors de nous – de notre *ego*, de notre pensée, de nos mots, toutes ces choses qui ouvrent tous les malentendus – et nous mener vers l'Ailleurs.

Vers l'amour.

L'amour de l'autre, de la nature et de la vie.

Le respect de l'être.

Tout le reste, les jugements, la morale, l'analyse… c'est de l'illusion.

Elle est là, la source d'une énergie nouvelle.

Dans la richesse de tout ce que nous avons à l'intérieur de nous-mêmes et qui est trop essentiel pour passer la rampe de la parole.

Mais que l'on perçoit, parfois, dans un simple échange de regards.

J'adore les arbres.

Quand je vois un arbre, je vois toute la force qu'il renferme, son énergie.

Dès l'origine des védas, leurs adeptes embrassaient les arbres, ils entraient en résonance avec eux.

C'est la plus jolie des sagesses.

Être présent dans l'air que l'on respire, attentif aux oiseaux que l'on entend chanter, qui font leur petit briefing parce que le soleil se couche.

Se sentir proche de ces lois naturelles que les animaux respectent.

Là, il y a quelque chose, c'est vraiment Dieu ou quelqu'un d'autre qui nous parle.

Si on sait laisser cette porte ouverte.

Si un jour un gamin me demande où habite Dieu, je lui répondrai qu'il habite là où on le laisse entrer.

Et c'est tout.

L'Ailleurs, c'est cette porte ouverte.

Ça m'arrive de plus en plus quand je m'endors de me dire que peut-être je ne me réveillerai pas.

Et quand je me réveille, je me dis : « Merde, je me suis réveillé. »

Ce qu'il faudrait, c'est rester dans cette paix du sommeil.

Sans plus de pensées, de questions, sans plus de guerres en soi.

Que cette paix nous habite encore au réveil.

Que l'on reste ainsi.

Que l'on devienne cette paix.

Un simple souffle.

Un silence qui laisse venir les choses.

Sans forcer.

Sans désir et sans jugement.

Être comme l'artiste devant son champ de blé.

Un simple regard.

Quelque chose de minéral, d'aérien.

Il est là aussi, l'Ailleurs.

Dans cette apesanteur de l'âme qui fait que tu t'élèves vers les choses.
Tu n'as plus besoin de lutter.
Tu n'as plus qu'à être.
Et à vivre.
Sans être encombré de toi-même.
Tout entier dans ce qui t'entoure.

Il y a sur cette terre de telles merveilles, je pense par exemple au canyon de Charyn, au Kazakhstan, où tu n'as plus besoin d'une église, d'une mosquée ou d'une synagogue pour ressentir la présence de Dieu.

Devant cette nature, tu reçois un tel choc que tu ne peux que rester en silence.

Entrer en toi-même, entrer en communion.

Être devant cette beauté à l'état pur, c'est comme être devant Dieu.

Le désert est une formidable réflexion.

Puisqu'il n'y a rien.

Que la Beauté, partout.

Tous les prophètes ont fait un séjour dans le désert.

Et c'est la même chose quand tu es au milieu d'un océan immense.

Devant un tel spectacle, tu ne peux que te retrouver avec toi-même dans quelque chose qui est de l'ordre de la prière.

Et c'est quelque chose que tu emmènes ensuite avec toi, partout.

Que tu peux retrouver quand tu es dans des moments difficiles, au milieu de ta nuit.

Revoir et ressentir à nouveau ces magnifiques lumières ocre sur les montagnes de Charyn, en qui certains voient l'œuvre de Dieu.

Je ne sais pas si c'est l'Éternel, mais je sais que ces choses qui sont là depuis l'aube des temps te donnent une part de leur éternité.

La foi en la vie, c'est tout simplement la foi en cette Beauté à l'état pur.

Une Beauté qui est bien plus grande et plus haute que toutes les interprétations que l'on peut en donner. Et qui ne font que l'encombrer.

C'est pour ça que j'aime l'Ailleurs.

Parce qu'il t'amène à la Beauté de la vie.

À ne plus juger.

À aimer, tout simplement.

Sans arrêt renaître

Un jour, j'étais dans une piscine à Quiberon, devant un superbe ciel rouge, un soleil couchant sur la mer.

Il y avait un homme en face de moi, qui soudain me dit :

« La vie est belle, non ? La vie est belle ! »

Je le regarde, un peu surpris, il me dit alors :

« Je dois vous paraître étrange, mais je vous dis ça parce que je suis un ressuscité. »

Je venais juste de terminer le tournage du *Colonel Chabert*, alors je lui réponds :

« Moi aussi, je suis un ressuscité ! J'ai été enterré en Pologne et je suis sorti de terre, d'une fosse de cadavres, dans un champ enneigé. »

Il m'a alors raconté son histoire.

Il avait eu un cancer du foie. C'était la fin, ce genre de saloperie vous dégage en quelques semaines. Il avait donc mis ses affaires en ordre, préparé son testament. À quelques jours de l'échéance, il a été transporté à l'hôpital.

Il était dans son lit, il attendait la mort, et là un jeune médecin est venu le voir et lui a proposé une chose qui n'avait alors jamais été tentée, une greffe du foie. Comme il n'avait plus rien à perdre, il a accepté, sans rien dire à sa famille, pour ne pas leur donner de faux espoirs.

Après l'opération, il s'est réveillé. Le médecin est arrivé et lui a appris que tout s'était bien passé. Il fallait juste attendre un mois ou deux pour voir si l'organe allait être accepté, s'il n'y aurait pas de rejet.

Quelques heures plus tard, sa femme et ses enfants sont arrivés, le médecin leur a tout expliqué. Ils avaient tellement vécu la maladie, l'agonie, le testament, la fin, qu'ils étaient presque déçus du miracle.

Sa femme n'a pas pu le supporter.

Lui s'est rétabli, et ils ont divorcé.

J'ai appris un peu plus tard dans un livre du professeur Jean Bernard que la chose était courante. Que la famille qui avait vécu l'agonie ne supportait pas ensuite la renaissance. Et que ce phénomène était connu sous le nom de… complexe Chabert ! En référence à la femme du colonel, Rose Chapotel, qui n'avait pas supporté que son mari soit ressuscité.

Plus on vieillit, plus les temps changent, plus il est difficile de ne pas se faire prendre par le négatif.

Il faut se méfier de ça.

Sans quoi on fatigue, puis on n'a plus envie. De rien.

L'issue se profile.

Ça commence souvent quand on cherche son Ailleurs dans le passé.

On se détache d'un présent qu'on ne connaît plus, et qui forme pourtant la couenne de la vie.

On se réfugie dans le « C'était mieux avant ! ».

Mais comment tu veux le retrouver, cet Ailleurs qui est depuis longtemps mort et enterré ?

Il ne reviendra jamais.

C'est un désir impossible.

Il faut garder sa curiosité, sa joie, non pour le passé, mais pour le présent, pas envers ce qui est mort, mais envers ce qui est vivant.

Trouver des gens qui savent nous étonner, nous inspirer, des choses qui savent nous émerveiller. Quitte à les chercher davantage, et peut-être un peu plus loin qu'avant.

On peut sans arrêt renaître.

Il faut juste oser.

Oser à nouveau l'innocence.

Et avoir la sagesse d'être toujours déraisonnable.

Le sort que l'on réserve à nos vieux ici, en Occident, est effrayant.

Dans les années cinquante, on les gardait encore avec nous. On ne se posait même pas la question. Ils restaient avec les enfants, avec les petits-enfants.

Aujourd'hui, ici, c'est fini.

On ne s'occupe plus d'eux. On les retire de la famille, de la vie. On les met dans des maisons. « Ils seront mieux là-bas », dit-on.

Et on les exile dans cet espace où, forcément, ils vont perdre la raison.

Parce que pour pouvoir continuer à vivre dans ce genre de maison, il faut forcément perdre la raison. Pour ne plus voir les murs. Pour ne plus voir cette réalité qu'on leur fait.

Ils n'ont pas d'autre choix que de devenir invisibles.

De s'oublier eux-mêmes tant on veut les oublier.

C'est une façon de les tuer sans qu'ils meurent.

De les mettre en terre encore vivants.

Voilà ce que cette société, ici et maintenant, nous amène à faire.

Sans même y réfléchir.

Que je sois en Afrique, dans les pays arabes, en Russie, tous ces pays où il y a encore de la vie, partout je vois des vieux. Au milieu de leur famille, encore. De leurs traditions.

Bel et bien vivants.

De quoi je rêve aujourd'hui ?

De ne plus être reculé dans mes incessants désirs d'Ailleurs.

D'être sur la mer, seul avec un marin taiseux, dans un bateau qui avance, au gré des vents, qui va d'une côte à une autre.

Me laver dans la mer.

M'arrêter dans des ports les jours de marché.

Y descendre pour trouver des ingrédients que je ne connais pas, avec lesquels je vais pouvoir essayer de préparer à manger.

Regarder des gens dont j'ignore le mode de vie, la langue.

Être de passage.

Le temps de vivre une joie.

Avant de reprendre la tangente.

Repartir ailleurs.

Toujours ailleurs.

Tu as des gens qui ont peur de mourir ailleurs, à l'étranger, qui ne partent pas s'il n'y a pas d'hôpital à proximité. Moi, je n'y pense jamais. Comment ils faisaient avant ? Du temps des explorateurs, des aventuriers, des grands voyageurs, la question ne se posait même pas. Que tu sois proche de la mort dans un endroit que tu connais ou non, quelle différence ? Quand tu sens que ça arrive, personne ne peut rien pour toi. Et si ton heure n'est pas venue, tu peux toujours repousser un peu l'échéance.

Quand c'est grave, tu le sens. Quand je tournais *Vidocq*, chaque jour, il fallait que je monte les quatre cent cinquante marches du Panthéon. Je sentais que j'avais une barre dans le dos, des douleurs au bras, j'ai compris ce qui m'arrivait, j'avais tous les symptômes de l'infarctus. J'ai traîné ça un mois, j'ai attendu le dernier jour du tournage pour aller directement à l'hôpital, et je suis passé sur le billard pour cinq pontages.

Tout est dans la tête, la douleur comme le reste.

Bien sûr, quand tu es en voyage, que tu as déjà eu des problèmes de santé, des accidents cardiaques, la mort peut te traverser l'esprit.

Mais tu as autant de risques de claquer seul dans la campagne à dix minutes de chez toi, alors que l'idée ne t'a même pas effleuré, que dans un désert à l'autre bout du monde.

Alors pourquoi se priver d'Ailleurs ?

Pour crever plus vite ?

Moi, je me fous bien de savoir où je vais être enterré.

Là où je vais crever, ce sera très bien.

N'importe où sur la terre, n'importe où dans la terre.

Le temps passe et ne m'oublie pas.

Il m'imprime, il asphyxie peu à peu mon sang, ce qui est très bien.

Je ne vais pas me mettre à rêver d'éternité : on n'est pas capable de la supporter. On n'est pas comme ces arbres, qui peuvent vivre deux cent cinquante, cinq cents, mille ans, tellement ils sont moins cons que nous.

La mort, quand on est jeune, on n'y pense jamais. Ou c'est un jeu. Souvent les enfants jouent à la mort. Puis, le temps faisant… tu te mets à y penser, et c'est très bien. C'est comme une préparation.

La vieillesse, ça ne devrait servir qu'à pacifier ou assagir tout ce qui a fait ta vie.

On décide toujours soi-même quand le temps est venu de s'en aller.

On meurt non pas de vieillesse mais parce qu'on le veut. Parce qu'on arrive à être assez libre pour simplement se dégager de la vie. C'est une tragédie, une douleur extrême, mais aussi une noblesse et un courage.

Quand on fait attention à ce que l'on vit et à la manière dont on le vit, on sait à peu près comment on va mourir.

Nos peurs sont nos morts.

Mais la mort ne me fait pas peur.

J'écris ça, mais je ne sais pas comment je vais réagir le jour venu.

C'est un peu comme les mecs qui te disent : « Si j'avais eu vingt ans pendant la guerre, j'aurais résisté. »

Tu parles…

On ne sait rien de soi à l'avance.

Va savoir comment tu aurais réagi devant l'horreur, devant la torture. On ne sait jamais.

Même les héros, on ne sait pas si c'est vraiment des héros, ni pourquoi ils sont réellement devenus des héros.

On sait seulement ce qu'ont subi les victimes.

Alors à la fin, quand tu es au bord du trou, dans cette espèce de vide vertigineux, que tu n'as plus aucun repère, comment savoir comment tu vas réagir ?

Tu as beau avoir passé ta vie à te taper la tête contre un mur ou à t'agenouiller en priant dans une église, au dernier moment tu es seul avec toi-même.

· Si ton Dieu peut t'apporter un peu de paix de ton vivant ou lors de ton dernier souffle, c'est très bien.

Mais ça ne change pas grand-chose.

Les questions restent les mêmes.

La seule chose dont on soit sûr, c'est ce que le corps sera après.

Il sera ce qu'il est.

C'est-à-dire un paquet de merde.

Tant qu'il est vivant, il se nourrit, il chie, il expulse – puis quand tu fais le grand saut, il pourrit et ça devient un os.

Pour le reste…

Pour le reste, je ne pense pas que la mort soit un point final.

Pour moi, c'est plutôt un point d'interrogation.

Dont la réponse est véritablement ailleurs.

Les derniers moments sont faits pour se rassembler.

Rassembler tout ce que tu as en toi, tout ce que tu as vécu, le meilleur comme le pire, le plus beau comme le plus terrible.

C'est une sorte de dernier tour de piste, d'ultime résumé.

Tu reconstitues une sorte de cordon avec tout ce qui a fait ta vie, un cordon que, l'heure venue, quand tu es sur ton lit, replié, en position fœtale, tu vas devoir couper toi-même.

Le cordon ombilical de ta vie.

C'est un peu le générique de fin, comme il y a eu le générique de début.

Il y a une belle expression berrichonne pour exprimer ce moment qui précède la mort, quand le mourant triture son drap, comme s'il s'y accrochait, en même temps qu'à tous ses souvenirs, on dit qu'il « fait ses bagages ».

Moi, dans mes bagages, il y aura la seule chose qui compte : la somme d'instants, de regards, de mots, de sensations et d'émotions qui font tout surgir, tout éclater en soi à chaque minute de la vie si on y est attentif.

Voilà bien la seule chose que j'emporterai avec moi.

Mon seul bagage pour l'Ailleurs.

TABLE DES MATIÈRES

Apprendre à désapprendre	17
Il faut aller voir	47
Ouvrir les vannes et se laisser emmener par le courant	97
Je n'aime pas ce que je vois ici	123
La tête baissée	147
La porte ouverte	169
Sans arrêt renaître	197

L'éditeur de cet ouvrage s'engage dans une démarche de certification FSC® qui contribue à la préservation des forêts pour les générations futures.

Pour en savoir plus :
www.editis.com/engagement-rse/

Achevé d'imprimer en septembre 2020
par Normandie Roto Impression s.a.s.
61250 Lonrai
N° d'impression : 2001365

Imprimé en France